마음
풍경

식물의 사색과 명상으로 만난 마음 공부

마음 풍경

김정묘
시산문집

상상+모색

들어가며

    이 책은 선원에서 들은 공부 말씀과 나무와 풀꽃을 공부하며 적은 순례일지와 같습니다.

    수련 차담 말씀을 받아 적은 공책은 단순한 메모를 넘어 막막하고, 불안하고, 힘겨울 때마다 스스로를 돌아보게 해주는 거울이 되어주었고, 선원의 산길을 오가며 숲에 사는 거주자들이 들려주는 나무와 풀꽃 이야기에 귀를 기울이는 일은 세상을 경이롭게 바라보는 안목과 살아있음에 감사함을 일깨워주었습니다.

    어느 날 유홍초와 풍선초 씨앗이 든 편지봉투와 함께 선물처럼 받은 고경식 선생님의 『야생식물생태 도감』을 만났습니다.

    실제 꽃과 다르게 알고 있는 이름, 꽃에 어울리는 소박한 이름, 이름만으로도 꽃의 슬픔과 고난이 느껴지기도 하고, 절로 웃음이 번지는 해학 넘치는 이름들을 보며 무슨 사연으로 이런 이름으로 불리게 된 건지, 어디에 몰려 사는지, 어떻게 시련을 이겨내는지 그들의 이야기를 담은 글을 찾아보게 되었습니다.

    2011년, '고려대장경 천년의 해'에 출간된 한국불교식물연구원 민태영 원장님의 『경전 속 불교식물_자비의 향기를 전하다』를 만난 인연은 각별했습니다.

오래전 불교방송 작가로 일할 때, 경전에 나오는 여러 숲과 나무와 꽃향기, 꽃향유, 꽃비로 내리는 꽃나무에 관심을 두게 되었습니다.

'부처님의 탄생, 깨달음, 열반, 그 심오한 순간을 지켜본 나무들이 전하는 말을 언제 귀가 뚫려 알아들을 수 있을까.'

그 물음이 씨앗이 되어 『경전 속 불교식물』과 인연이 닿았습니다. 경전 속에서 글자로만 보던 나무와 풀꽃들을 섬세한 그림으로 생생하게 만났습니다. 식물학적 자료도 풍부했으며, 식물의 쓰임새, 불교적 상징과 의미 등도 자세하게 기록되어 있어서 식물에 관한 공부를 이끌어주었고, 나무와 풀꽃을 주제로 글을 쓰게 해준 원동력이 되었습니다.

 식물의 세계를 들여다보는 것은 신비함과 경이로움 그 자체였습니다. 나무 이야기, 풀꽃 이야기를 책으로 만나는 일은 숲에 들어가는 일 못지않은 설렘을 안겨주었습니다. 식물이 주는 내밀한 생명력을 알아가면서 저의 감각 시계는 자연 계절의 흐름을 따라갔습니다. 나무와 풀꽃을 통해 하늘이 보이고, 날씨가 보이고, 계절이 바뀌는 산등성이가 눈에 들어오고, 바람 소리에 귀가 열리고, 달과 별을 품은 어둠이 보였습니다. 풀 한 포기 안에도 우주의 시공간이 펼쳐졌습니다.

'고(苦)'를 봐라.

막힌 곳에 답이 있다, 자기를 돌아보라는 선원의 공부 말씀은 나무의 보이지 않는 뿌리처럼 삶의 중심을 잡아주었습니다. 지구별에서 인류보다 훨씬 먼저, 오래도록 삶을 이어오고 있는 식물은 그들의 존재 방식 즉, 성실함, 은밀함, 신중함, 용기, 순응, 나눔을 말없이 가르쳐주었습니다. 별의 움직임 같이 알아챌 수 없는 느린 몸짓으로 우주 질서에 순응하는 식물의 지혜는 무한경쟁 시대, 무한속도의 질주 속에 사는 우리에게 자연 본래 생명력을 느끼게 해주리라는 믿음이 생겼습니다. 공부 말씀도, 식물에 관한 관심도 한계적일 수밖에 없지만 두려움보다 감사함을 더 크게 받아들고 더욱 정진할 것을 다짐합니다.

　소중한 인연에 감사하며

　화개선원 선원장 큰스님과 사리자 보살님께 감사드립니다. 화개선원을 만난 인연으로 나무나 풀꽃처럼 살아서 환생하여 다른 생을 사는 기적 같은 가피를 입었습니다. '고'를 외면하는 무지에서 '고'를 보는 지혜로 이끌어주셔서 감사합니다. 말 없는 속에 한결같이 응원과 격려를 보내주신 선원의 도반들께도 감사드립니다.

언제나 따뜻한 마음으로 지켜봐 주시고 추천사를 써주신 이미시서원 좌장 한명희 선생님, 시인 유자효 선생님, 불교식물을 만나게 해주신 한국불교식물연구원 민태영 원장님, 글쓰기 도반으로 이 책의 뜻이 살아날 수 있도록 격려의 글을 써 주신 소설가 구자명 선생님, 동화작가 임나라 선생님, 임상심리전문가 김채옥 선생님, 오랫동안 잡지 지면을 내주시고, 아름다운 전각을 보내주신 명신당 필방 자운 선생님께 감사드립니다.

책 출간을 기꺼이 맡아주신 상상+모색 유상원 대표님께 감사드립니다.

가장 먼저 원고를 읽어주고 응원을 보내준 가족에게 감사드리고, 밝게 자라나는 새싹 혜진, 경진에게 이 책을 바칩니다.

입추를 앞세우며 충주 중원에서

김정묘 합장

차례

1
겨울나무의 침묵	019
봄비 소리	023
하늘 꽃비	029
만추의 향기	035

2
내면으로 향하는 비우기	045
춘절 다라니, 푸른 버드나무	051
저렇게 해가 짧아지다가	057
겨자씨, 바늘 끝 인연	063

3
마음소리 귀명창	075
꽃구름 피어오르니	083
'고(苦)'에서 핀 꽃	091
쌀이 밥이 되는 힘	097

4   눈 속에 반짝이는 초록　　　　107
　　　봐라, 꽃이다　　　　　　　　113
　　　나무 그늘 아래서　　　　　　121
　　　달빛 그림자 바람에 전하네　　127

5   액은 막고 복은 알알이　　　　137
　　　달의 향기　　　　　　　　　145
　　　멈춤, 새 생명의 시작　　　　153
　　　열매, 배움을 펼쳐 보이다　　161

6   옴 따레 뚜따레 뚜레 소하　　173
　　　지계의 뿌리, 지혜의 꽃　　　183
　　　파초 시를 갖고 싶다고?　　　193
　　　아름다운 인연, 원추리꽃　　　201

마음 풍경 숲의 정령들이시여!

마음 나무의 문을 열겠습니다.

당신의 속껍질로 책을 만들어 세상에 내놓습니다.
부디 당신의 큰 생명을 느낄 수 있도록
함께해주십시오.

겨울나무의 침묵

침묵하라
씨앗처럼

　절로 올라가는 산길이 고요하다. 바람도 없고, 새소리도 없다. 내 발자국에 놀라 문득문득 걸음을 멈추고 걸어온 길을 돌아본다. 빈 가지로 가슴에 합장하듯 서 있는 겨울나무들이 말갛게 눈을 뜨고 나를 내려다보고 있다.

　겨울나무 눈빛이 차다. 마치 커다란 거울 앞에 선 것처럼 나무에 비친 내 모습이 낯설고, 어색해서 어깨가 움츠러든다. 졸망졸망 뻗어 나가던 잎새들, 혼신의 힘으로 밀어 올린 꽃대궁들, 지는 해처럼 서늘한 빛깔로 손 흔들던 당단풍들. 그들과 눈을 마주치며 나도 살아있구나 위로받았던 시간들. 모두 어디로 갔을까.

살아남기 위한 나무의 치열한 생존 법칙은 나 몰라라 하고, 바람 잔 겨울 숲이 어떻다는 둥 나무 눈빛이 차다는 둥 이러쿵저러쿵 구경꾼의 눈길이 부끄러워진다.

돌과 비와 꽃이 하는 말을 들을 수 있으면 얼마나 좋을까요?
언제면 우리 귀가 뚫릴까요?

절에 올라오니 볕이 잘 드는 요사채 창가에 절 할머니가 받아놓은 씨앗이 그릇 그릇 담겨 줄지어 있다. 벽을 향해 앉아 있는 수좌들 같다. 아니 알록달록 모여 앉은 티베트 동자승들이 패엽경을 한 장 한 장 넘기며 부처님 말씀을 소리 높이 외우고 있다.

붓다의 가르침이 힘을 잃고
붓다의 가르침이 아닌 것이 득세하기 전에
계율이 힘을 잃고
계율 아닌 것이 득세하기 전에

부처님 법을 말하는 사람이 약해지고

부처님 법이 아닌 것을 말하는 사람이 강해지기 전에

계율을 말하는 사람이 약해지고

계율 아닌 것을 말하는 사람이 강해지기 전에

붓다의 가르침을 함께 외웁시다!

계율을 함께 외웁시다!

—『빠알리 경전』〈율장〉 쭐라왁가 11편

겨울 추위는 나무에게 가혹한 시련이다. 하지만 흙이 어는 일은 물길 찾아 끊임없이 뿌리를 뻗으려는 나무에게 '강제 휴식'을 취하게 하는 보호막이 된다고 한다. 열심히 살아야 한다는 한 생각을 믿고 좋은 것은 갖지 못해 애태우고, 싫은 것은 버리지 못해 괴로워하는, 업식의 넝쿨손을 걷어주며 겨울나무는 말한다.

침묵하라. 씨앗처럼.

봄비 소리

> 나뭇가지 옆구리가 툭 터지며
> 허공으로 틔워 내는
> 새잎 한 촉

'버들은 실마다 푸르고, 복사꽃은 점점이 붉다'라는 김부식의 시처럼 봄날은 우리 곁에 어김없이 돌아왔다. 꽃도 꽃이지만 매서운 꽃샘추위를 잠재우며 봄비가 먼저 찾아온다. 봄비가 내려야 비로소 음지 언 땅도 녹고, 북향 깊은 계곡 잔설도 녹아내린다.

언제부터인가 새소리처럼 귀가 반짝 뜨이며, 봄비 소리가 꽃소식보다 반갑게 들린다. 옛사람을 흉내 내며 한밤중에 깨어 속삭이듯 지나가는 봄비 발걸음 소리를 듣는다. 내리는 듯, 멈춘 듯, 빗방울인 듯, 안개인 듯해도 봄비는 얼음장 밑을 흐르는 물소리처럼 잠자는 씨앗들을 깨어나게 한다.

자연풍경으로 세상을 보는 사람에게는 계절이 바뀌면 세상도 바뀐다. 봄을 기다리는 마음은 변함없으나 세월에 따라 눈길 가는 곳이 달라진다. 아지랑이처럼 산등성이로 올라오는 연둣빛을 기다리던 때, 쑥이나 냉이, 두릅, 엄나무 순, 홑잎 같은 봄나물을 기다리던 때, 노란빛 양지꽃, 미나리아재비꽃, 보랏빛 제비꽃, 할미꽃처럼 허리를 굽혀야 보이는 들꽃이 기다려지던 때, 꽃잎을 여는 열기로 얼음을 녹이며 피어나는 복수초 소식이 기다려지던 때, 매화나무 마른 가지를 지켜보며 조물조물 부풀어 오른 꽃망울이 터지길 기다리던 때처럼, 봄은 늘 그곳에 있지만 봄을 기다리는 조급한 마음만 이런 저리 두리번거리는 것이다.

한밤중 대문을 밀고 들어서는데
느닷없이 마당이 밝다.
고개 들어보니
밤하늘 먼 달
무우수 꽃처럼 환한 달빛이
늦은 귀갓길

근심 어린 어둔 발걸음을 비춰주고 있다.

무우수(無憂樹)는 그 이름에 알 수 있듯이 '근심이 없는 나무'라는 의미다. 부처님 어머니이신 마야부인이 산기를 느끼고 친정으로 가던 중 룸비니동산에서 향기가 나는 무우수의 가지를 잡는 순간 왕비의 옆구리에서 부처님이 탄생하셨다는 탄생설화 나무다. 탄생의 무우수, 깨달음의 보리수, 열반의 사라수와 함께 불교 삼대 성수이다.

봄비 소리에 잠이 깬 탓일까. 그만 근거 없는 상상력이 발동되고 만다. 무우수가 어찌 근심 없는 나무라는 딱딱한 사전적 의미만 있겠는가. 나뭇가지에 새잎 한 촉 돋아나는 우주의 힘, 상상할 수 없는 우주의 크기, 상상할 수 없는 신비한 힘이 부처님 탄생설화로 펼쳐지며 우리를 무우수 아래로 이끈다.

마야부인이 산기를 느끼자 온 우주에 진동이 퍼져 나간다.
전날 밤 봄비가 내려 하늘은 맑게 개고,

땅에서는 싱싱한 흙냄새가 나고,
따사로운 봄볕이 무우수를 감싸며 흐를때
자궁을 떠나는 아기처럼 침묵의 진동 속에서
홀연 나뭇가지 옆구리를 트며 연둣빛 새잎 한 촉이 돋아난다.
마치 허공에서 떨어진 듯, 둥지의 새알들은 막 알을 깨고 나오고,
단단한 고치 속에서 겨울바람을 견딘 호랑나비 애벌레가 화려한 날개를 펼쳐 날아오른다.
바람 부는 대로 오묘한 노랫소리 대지를 울리고,
뱀과 개구리 같이 놀고, 호랑이와 토끼 손잡고 뛴다.
제철도 아니건만 온갖 꽃들 활짝 피어
꽃향기 온 세상 퍼지고 꽃비는 한없이 날린다.
중생의 귀에 처음 들어보는 대폭발 소리가 들린다.

자기 자신이 스스로 안식처이다.
다른 누가 있어 대신 안식처가 될 수 있겠는가.

봄비를 맞은 산길 숲은 자신을 스스로 정화하고 새로운 세계에 들어간다. 겨울을 나며 얼었다 녹기를 반복하는 동안 굳건한 바위에도 틈이 생긴다. 그 틈바구니로 엉겨 붙은 흙더미 위에 봄비가 스며든다. 이제 곧 바위에도 풀씨라는 인연이 와서 어제와 다른 오늘을 살 것이다.

봄비가 없었다면, 겨울의 얼음을 견딘 시간이 없었다면, 땅속 푸른 물이 어찌 나무를 타고 오를 것이며, 나뭇가지 옆구리가 툭 터지며 허공으로 틔워내는 새잎 한 촉 어찌 깨어날 수 있었을까.

하늘 꽃비

물음은
근원을 돌아보는 힘을 실어준다네

    여름 숲은 꽃보다 신록이다. 하늘을 가릴 만큼 무성한 이파리는 망망대해 초록 바다를 펼쳐놓는다. 발 디딜 틈 없이 빼곡하게 땅을 점령한 원시의 고사리와 덤불, 잎을 잘라도 줄기를 잘라도 기적같이 살아나 높은 나무를 타고 오르는 '숲의 불한당들'이라는 덩굴 더미들, 계곡 바위를 뒤덮은 이끼까지, 여름 숲은 접근을 거부하는 초록 요새를 이룬다. 그물처럼 엉킨 나뭇가지들이 초록 무장으로 치르는 엄숙하고 치열한 생존의 몸부림이 몸으로 들어오자 숨이 턱 막힌다.

    큰 나무 건 작은 나무 건 이파리가 크든 작든 나무들이 만들어 준 고마운 그늘에 들어가 잠시 숨을 고른다. 스마트폰을 아바타처럼 끼고 살고, 하루 대부분을 모니터 세상에서 생활하며 소음에 익숙해져 버린 몸의 센서는 고요에 대한 경외감 대신 두려운 반응을 보인다. 하지만 숲 그늘은 곧 숨으로 돌아오게 한다.

    바람이 분다.
    짙푸른 침묵을 찬란하게 깨트리는
    한 줄기 바람
    시들어버린 눈과 귀를 흔들어 깨운다.
    비로소 보인다, 꽃이다.

촘촘한 나뭇잎 틈으로 내리꽂히는 햇빛처럼 희고 붉고 노란 꽃들이 보인다. 꽃은 참으로 다양한 곳에서 다양한 모양으로 피어 있다.

꽃나무들은 빛을 감지하는 예민한 능력이 있어 해의 위치, 구름 사이 빛, 주변 나무들의 그림자를 감지하며 여러 가지 빛 중에서 자신에게 필요한 빛을 찾아낸다고 한다.

나팔꽃은 새벽 별빛을 부르고 다녀 나팔 모양이 되었을까. 도꼬마리는 저녁 노을빛을 따라가다 가시별 모양이 되었을까.

밝은 꽃, 어두운 꽃, 차가운 꽃, 따뜻한 꽃이 따로 있으랴. 누가 꽃을 보고 지저분한 꽃, 깨끗한 꽃으로 나누는가. 우리는 그저 아기처럼 꽃으로부터 '예쁘다!'라는 말을 배운다.

무릇 모든 꽃이 꽃 이름을 떠나 저 혼자 피듯이, 경전을 독경하다 보면 부처님의 상서로운 언행 시마다 '밤낮으로 끊임없이 꽃비를 흩날리는' 하늘꽃, 꽃비 내리는 장면이 많이 나온다.

꽃비는 조지훈 시인의 시구처럼 '꽃 지는 그림자 뜰에 어리'는 낙화가 아니다. 꽃비는 무릉도원의 복사꽃처럼 아득하게 흐르지 않는다. 꽃비는 뿌리도 줄기도 없이 하늘의 구름처럼 피었다가 온몸을 던져 그리는 만다라다.

꽃비가 그리는 우주를 따라가 본다.

꽃가지가 가리키는 서쪽으로 십만 억 뻗은 길

길 끝에 다다르면 지명이 보인다.

극락이다.

꽃으로 그린 안내문을 읽어본다.

극락: 보배 연못 가운데는 큰 수레바퀴만 한 연꽃이 수없이 피었는데, 푸른 꽃에서는 푸른빛이, 노란 꽃에서는 노란빛이, 붉은 꽃에서는 붉은빛이, 흰 꽃에서는 하얀빛이 미묘하여 향기롭고, 서늘한 미풍이 불어서 빛나무와 빛그물을 흔들면, 천상의 음악이 청아하게 울려 퍼지고, 백조와 공작, 앵무새, 사리새, 가릉빙가, 공명새들이 밤낮없이 평화롭게 노래하는데 그 소리는 한결같이 설법 아님이 없고, 한결같이 성불하는 가르침 아님이 없다. 그 소리를 듣는 이는 부처님을 생각하고 불법을 생각하고 불제자를 생각하는 마음이 더욱 깊어진다. 그곳 사람들은 새벽마다 가지가지의 미묘한 꽃을 꽃바구니에 담아서, 다른 십만 억 불국토의 부처님들께 공양을 올리고, 집으로 돌아와 식사를 마치고 산책을 한다. 이 아름다운 광경을 찬탄하

며 밤낮으로 끊임없이 천상의 하늘 꽃이 비 오듯이 흩날리는 곳.

-「불설아미타경」

여름 숲에 들어서면 한 치의 양보도 있을 수 없다는 듯이 뻗어 나가는 나뭇가지의 간절한 전율이 느껴진다. 나무 그늘에 앉아 가쁜 숨을 고르고, 고개를 젖혀 나무를 올려다보면 지나가는 바람도 꽃비 날리는 극락이 된다. 바람에 나뭇잎이 하늘 꽃비처럼 흔들린다. 아무것도 기댈 데 없는 막막한 허공으로 나뭇가지를 뻗는 힘은 어디서 올까?

바람이 '물음'을 잃어버린 우리 삶에 '물음'이라는 꽃비를 내려준다.

물음의 씨앗에서
관심의 싹이 트고,
소통의 잎이 나고
함께하는 공감의 줄기가 뻗어 나간다네.
물음은 근원을 돌아보는 힘을 실어준다네.

만추의 향기

다만
바라보라

  만추가 빗방울에 젖어 들자 가을의 끝자락을 지키던 단풍이 비바람에 맞서 불꽃처럼 나부낀다. 여름이 갔듯이 이제 가을도 간다. 가을과 겨울이 함께 하는 이 계절을 인디언들은 '물이 나뭇잎으로 검어지고, 기러기 날아가는 달이지만, 모두가 사라진 것은 아닌 달'이라고 했다.

  단풍 든 나뭇잎 한 장에 고스란히 녹아있는 빛의 시간을 들여다본다. 짙은 초록으로 시작해서 연노랑, 감빛 노랑, 붉은 노랑, 검붉은 빨강으로 물든 빛의 걸음을 따라간다. 빛의 걸음이 지나간 그 길에는 '봄의 소쩍새 울음과 먹구름 속의 천둥과 간밤에 내린 무서리'와 밤잠을 설치며 뒤척이던 누군가의 고뇌가 스며있다고 나직이 일러주는 소리가 들린다. 이제 가을비 그치면 단풍은 빛을 쫓던 걸음을 멈추고 흙으로 돌아갈 것이다.

겨울은 멈춤의 자유로움에 귀를 기울이기에 좋은 계절이다. '멈춤은' 마법처럼 우리에게 비움의 선물을 가져다준다. 그 비움 속에서 가슴의 상처가 별처럼 빛나고, 고되고 지친 일상이 차고 시린 달빛처럼 맑은 영혼으로 살아난다. 지난 계절 멀리 뿌리를 뻗어 잎을 키우고, 꽃을 피우고, 열매를 맺고, 침입한 벌레들과의 결전을 끝낸 나무들은 모든 속박에서 벗어나 더없는 자유를 누린다.

'속박에서 벗어났다는 사실을 깨달은 사람에게는 흡족한 기분이 일어나'고, '흡족함을 느끼고 있는 사람에게는 기쁨이 생긴다'고 한다. 그 기쁨의 파동으로 '몸이 고요해진다'는 말씀에 겨울을 준비하는 나무들이 출가하는 사문의 모습으로 다가온다.

인연의 세계는 혼자 살 수 없기에 좋은 일도 만나고 싫은 일도 만난다. 그 흐름 속에서 누구나 이런저런 상처를 받게 된다. 내 안에 옳다고 정해진 게 많을수록 상처도 많다. 그 상처를 보는 인식에 따라 맑은 기운도 되고 어두운 기운도 된다고 하니 상처를 아우른 흔적이 곧 그 사람만의 향기가 되는 게 아닌가 싶다.

상처를 손대고 싶은 욕망, 참고 누르며 외면하고 포기하고 싶은 욕망. 감히 욕망이라고 눈치 못 챌 만큼 명분은 확실하다. 상처를 극복해야 하고, 상처를 치유해야 하고, 상처가 남아있어서는 안 된다는 거부할 수 없는 명분이 나를 옥죄인다. 그래서 상처는 무조건 버려야 하는 것. 그러나 그 욕망은 상처를 향해 전면에 나서는 투쟁뿐인 것이다. 부처님은 이 모두가 '지금'을 부정하는 업의 굴레라고 말씀하신다.

향을 사름은
마음의 악취를 없애고자 함이며
촛불을 밝힘은
마음의 어두움을 밝히고자 함이며
맑은 물을 올림은
마음을 청정케 하고자 함이며

꽃을 올림은

아름답고 기쁜 마음을 나누고자 함이며

이러한 마음으로

공양함이 참 기도일세.

-〈기도하는 마음〉

불교에서는 부처님께 올리는 여섯 가지 공양물이 있다. 등, 향, 차, 꽃, 과일, 쌀을 올리는 육법 공양이다. 그중 향은 주변의 먼지를 흡착해 공기를 정화하고, 공간에 떠도는 세균을 살균하는 효과가 매우 뛰어나 동서양을 막론하고 예로부터 종교의례에 중요한 공양물로 쓰였다. 불자가 되는 수계식에서도 손목에 향불을 놓음으로써 삼구의 업장을 소멸하고 거듭 태어나는 연비의식을 갖는다.

좋은 향은 피우는 즉시 눈이 맑아지고, 정신도 맑아져 깊은 명상에 들게 하는 진정효과가 탁월하다고 한다. 〈비슬향연구소〉 성도 스님은 예로부터 '다도'처럼 '향도'가 있어서 향을 즐기는 문화가 있었다며 향의 덕목을 짚어주신다.

"마셔서 맛을 음미하는 차와 달리 향은 피워놓으면 가

만히 앉아 즐길 수 있고, 주변의 다른 사람들과 차별 없이 나눌 수 있습니다. 널리 퍼지는 향기를 막을 수 없고, 뛰어난 향일수록 멀리까지 퍼질 수 있기 때문입니다."

차도 그렇듯이 향도 가까이할수록, 깊이 알수록, 좋은 향을 인연 짓기 마련이다. 향을 알든 모르든 향 중의 으뜸은 '침향'이라고 한다. 침향은 나무속의 진액 덩어리인 수지를 말한다. 자신을 보호하기 위해 상처 부위에 모인 진액이 오랫동안에 걸쳐 덩어리로 응결되는데, 목재를 깎아내고 진액 덩어리 부분만 잘 손질해서 들어내는 작업을 통해 침향이 탄생하게 된다. 그 작업이 얼마나 섬세한지 나무에서 침향을 조각하는 작업이라고 말할 정도라고 한다. 그냥 보기에는 나뭇조각처럼 가벼워 보이나 물에 넣으면 가라앉고, 불이라는 상극 물질을 만나 자신을 태울 때, 비로소 향기가 난다. 딱딱하고 무거운 상처의 응어리를 태워 하늘 향기로, 마음을 치유하는 선정의 향기로 거듭나는 것이다.

수지가 형성되는 과정에서 침향나무의 지혜를 새긴다. 침향나무는 상처와 투쟁을 벌이는 것이 아니라 그냥 놔두는 것이다.

선원에서 귀에 못이 박이게 들은 말씀. 고(苦) 앞에서 '그냥 바라보기'다. 그것이 얼마나 오래 걸릴지, 얼마나 아플지, 어떤 모양으로 변할지, 미래의 걱정으로 도망가지 않는다. 누가 상처를 냈는지, 왜 나에게 이런 상처가 왔는지, 과거의 후회로 도망가지 않는다. 내 탓, 남 탓으로 도망가지 않는다. 그게 전부다.

'그냥 바라보기'는 말은 단순하지만, 막상 부닥쳐보면 결코 단순하지 않다. '그냥'이 '고냥'이 되고 '맹탕'이 되어 헤매게 된다는 말씀도 같이 듣게 된다. 그래도 '그냥 바라보기'다. 침향나무가 상처를 고스란히 수십 년, 수백 년을 그대로 보아내는 힘, 그 힘이 청정한 기운으로 주변을 맑게 정화 시키고, 마음의 병을 치유하는 향기로 살아난다.

낙엽 밟는 소리가 빈 숲에 가득 찬다.
소리에 향기가 실린다.
하늘 향기가 퍼진다.

다만 바라보라.

내면으로 향하는 비우기

> 이제 더는 달리지 않아도 돼
> 마침내 출발점에 돌아와 털썩 주저앉은 느낌이야
> 숨 가쁘게 뛰어온 나를 보듬어 봐

　　겨울 채비를 하는 계절이 돌아왔다. 나무의 겨울 채비는 낙엽 지는 일로 시작한다. 가지에 무성하던 잎들의 미련을 냉정히 뿌리친다. 나무는 폭풍우 시달림을 온몸으로 버티며 이파리를 지켜냈어도, 때가 되면 나뭇가지로 나르던 물길을 끊어버린다. 지난 계절 생명줄이었던 물을 끊어내는 것이다. 나무가 물기 정리를 하는 이유는 겨울이 오면 조직과 기관에 남아있는 물기가 날카로운 얼음이 되어 나무 조직을 파괴하기 때문이라고 한다.

　　그다음은 농축이다. 몸속의 에너지 소모량을 줄이기 위해 숨조차 제대로 쉬지 않고 버티는 것이다. 그리고 다시는 잎사귀를 달지 않을 것처럼 빈 가지로 겨울을 난다.

　식물학자 자크 타상은 『나무처럼 생각하기』에서 '나무 자세는 아래로 뿌리박고 위로 뻗어 나가며 주변과 연결된다.' 하고, 또 '나무는 장기(臟器)도 없고, 내면도 없으면서 우리처럼 호흡한다. 땅에서 물을 흡수하고 증발 시켜 하늘로 옮기면서 우리보다 더 많이 세상과 교류한다.'라고 말한다.
　나무가 교류하는 세상은 사시사철 12절기에 순응하며 물의 순환에 저항하거나 부정하지 않는다. 나무가 순응하는 것은 우주 질서뿐만이 아니다. 인위적으로 바꿔놓은 환경에서도 나무는 새로운 공동체를 형성하는 뛰어난 적응력을 발휘한다고 한다.
　'나무 거울'에 나를 비춰본다. 우주 질서는 고사하고 하루하루 만나는 경계마다 시비와 분별, 후회와 걱정으로 맘 편할 날이 없다. 다행히 그때마다 필살기의 수호신인 수련 시간에 적어놓은 선원 공책을 꺼내 스님 말씀을 되새겨볼 수 있다는 게 축복이다.

'물과 얼음은 본질은 같지만, 실제는 엄청난 차이가 있습니다. 우리는 본래 부처입니다. 구속, 업보에서 자유로운 물입니다. 그런데 어떻습니까. 조그만 일 앞에서도 우리는 얼음이 되고 맙니다. 경계에 매몰되어서 근본이 물이라는 걸 까맣게 잊고 얼음을 단번에 적으로 만듭니다. 얼음을 부정하고는 물을 볼 수 없습니다.'

공책 갈피에서 문득 나뭇잎 한 장이 툭, 떨어진다. 지인이 인도 여행길에 가져다준 보리수 잎사귀 말린 것이다. 보리수잎은 잎몸이 다 바스러져 나가고 잎맥만 남아있다. 빛깔도 몸체도 다 녹아 없어진, 그물망처럼 얽혀있는 잎맥을 오랫동안 들여다본다. 부처님의 '고행상'을 보는 것 같기도 하고, 구도의 길로 들어선 출가 수행자의 모습이 스치기도 한다. 작은 이파리의 잎맥 속에 연결된 우주의 시간을 만나는 느낌도 든다.

이제 더는 달리지 않아도 돼
마침내 출발점에 돌아와 털썩 주저앉은 느낌이야

숨 가쁘게 뛰어온 나를 보듬어 봐

보리수 잎사귀가 들려준 소리를 가슴에 담으니 거창하게만 느껴졌던 우주 질서가 문득 생활 속에 드러난다. 김치냉장고가 있어도 월동준비는 김장이 제일 먼저고, 보일러가 있어도 방구들을 데워줄 땔감을 들여야 하고, 옷장에는 여름옷을 거두고 두툼한 겨울옷으로 바꿔놓고, 다락방 솜이불도 내려놓는다. 월동준비라고 적어보니 먹고, 입고, 자는 데 필요한 것들이다. 의식주를 챙기는 것만으로도 마음이 푸근하고 몸이 편안해 하는 게 느껴진다. 때에 맞게 사소한 일들을 건너뛰지 않아야 삶이 이어진다는 의미다. 몸을 위한 의식주를 챙기므로 안심이 되었으니 나무가 물길을 끊고 팔랑이는 이파리를 떨어내듯 번잡했던 일을 정리하고 마음에 겨울 숲을 들인다.

겨울 숲의 빈 나뭇가지와 낙엽은 들썩거리는 마음을 쉬게 하고, 하심을 배우게 한다. 겨울 하늘은 눈과 얼음으로 세상을 덮어 시비를 쉬게 하고 겸손을 배우게 한다. 새벽 까만 하늘에 뜬 차고 시린 달빛, 춥고 웅크린 길고 긴 밤, 모두가 내면으로 향하기에 더없이 좋은 조건이다.
자, 겨울이다. 한 해 마무리이자 시작이다.

앉자.

고요하면 맑아지고,
맑아지면 밝아지고,
밝아지면 보인다.
무너질 수 없는 것은 마음뿐이다.
대비심은
이 세상에 내가 온 이상
어떤 것도 부정할 게 없다는 것이다.

스님 말씀을 잡고

앉자.

마음의 보리수 아래 앉아 벽을 보자.

춘절 다라니, 푸른 버드나무

봄바람 아지랑이 피어나는 춘절 다라니,
푸른 버드나무 기지개를 켜니
눈을 활짝 열어라

산 너머 남촌에서 불어온다는 봄바람은 언제 올 것인가. 마음이 추울수록 봄을 기다리는 마음은 간절하고, 봄은 기다릴수록 멀게만 느껴진다. 그러나 봄은 기다리는 사람의 심중을 한 번도 저버린 일이 없기에 봄소식의 믿음은 굳세고도 강하다. 봄은 기어코 오고야 마는 것이다.

땅은 말한다.
발바닥 아래 폭신하게 부풀어 오르며
만삭의 몸을 푸는 제가 보이시나요?
바람이 속삭인다.

목에 부드럽게 감기는 햇빛의 실타래가 느껴지나요?
버드나무가 웃는다.
제가 푸른 기지개를 켤 때쯤이면
봄의 정령들이 이미 산마루에 다다른 걸 아시나요?

입춘 무렵이면 하늘에서 생명을 관장하는 신령들이 많이 내려온다고 한다. 신령들은 생명을 꽃피우는 행운을 나눠주려고 집을 찾아다니는데, 이제나저제나 산마루를 올려다보며 간절히 봄을 기다리는 집으로 들어간다는 것이다. 또 입춘 절에는 절에 가서 입춘맞이 기도를 올리고 집마다 입춘대길을 발원하며 한 해 동안 뜻하는 일이 이뤄지길 소원한다. 이런저런 덕담을 빌어서라도 우리는 한 해를 탈 없이 보내고자 소망한다.

얼마 전 티베트 불교의 신춘가피 법회에 참석하게 되었는데, 티베트 스님이 푸른 잎이 달린 나뭇가지를 들고 신도들 머리를 일일이 쓸어주며 한 해의 건강과 안녕을 빌어주는 모습을 보았다. 그 나뭇가지를 가피채라고 했다. 티베트 스님이 가피채로 사용하는 나무가 바로 버드나무 가지였다.

고려 불화 〈수월관음도〉에는 바위 한쪽 끝에 놓인 정병과 버들가지가 보이고, 흔히 '물방울 관음도'라고 불리는 〈양류관음도〉의 관세음보살님 손에도 버들가지가 들려있다. 티베트 스님이 버드나무 가지를 가피채로 쓰시는 데에는 고통에 빠진 중생이 부르면 그 소리에 언제든지 달려와 주시는 관세음보살님의 상징물인 버들가지에서 유래했다고 한다.

'우물가 버드나무'라고 하듯이 버드나무는 물을 맑게 하고, 약리작용이 있어서 승가 생활의 필수품이 될 만큼 불교와 인연이 깊은 나무다. 우리가 지금 쓰고 있는 '양치질'이라는 말도 어원을 보면 버들 양(楊)자를 사용해 '양지질'이었는데 양치질로 변해 부르게 된 것이라고 한다. 버들가지 끝을 실타래처럼 가늘고 부드럽게 풀어서 만든 양지(楊枝)는 양치질하고 난 뒤 햇볕에 잘 말렸다가 사용한다.

양지(楊枝)를 씹으며 '마음이 청정해지고 번뇌를 씻게 하소서'를 발원하는 내용 등 양치질 예법까지 소상하게 일러주는 경전을 본 적이 있다.

한국불교식물연구원 민태영 원장은 『불교경전 속 식물

이야기』에서 인도 버드나무(님나무)는 여러모로 쓰임새가 많아 유엔에서는 '21세기 구원의 나무'라고 명명하고 있는데, 님나무로부터 추출된 생물농약은 사람과 동물에게 해를 끼치지 않아 생명에 안전한 유기농법을 지속할 수 있기 때문이라고 한다.

관세음보살님이 들고 있는 버들가지가 고통받는 중생의 몸과 마음을 치유해준다는 깊은 뜻을 알고 나니, 무심히 지나쳤던 버드나무가 관세음보살의 화신인 듯 보인다. 바람에 나부끼는 수양버들의 한가로운 움직임을 바라보고 있노라면 괴롭다고 소리치는 마음을 부드럽게 쓸어줄 것만 같다. 버들피리 소리는 또 어떤가.

언제 들어도 마음이 환해지는 다라니 같은 꽃소식. '아기 걸음'으로 하루에 1.1킬로미터씩 북상한다는 개나리의 봄소식도 반갑지만, 올봄은 연둣빛 여린 빛깔로 달려온 버드나무가 전하는 봄소식에 메마른 마음이 푸르게 젖어 든다.

버드나무 가피채로 일일이 입춘 맞이 축복을 내려주시는 티베트 스님은 축복의 말, 감사의 말이 다라니라고 말씀하신다.

 지난겨울 추위처럼 매서운 시련이 있었다 해도, 어제 힘든 일이 있었다 해도, 아니 조금 전에 무슨 일이 있었다 해도, 내일 꽃샘추위가 지나갈 것이라 해도, 나는 지금 따스한 봄기운의 복을 누리고 있다고, 바로 내 앞에 온 봄을 가슴으로 맞아보자.

> 봄바람 아지랑이 피어나는 춘절 다다르니,
> 푸른 버드나무 기지개를 켜니
> 눈을 활짝 열어라.

저렇게 해가 짧아지다가

> 저렇게 해가 짧아지다가는
> 내일이면
> 아주 없어져버릴지도 모르지

여름 내내 절 마당이며 채마밭의 풀을 뽑느라 씨름한 덕분인지 나도 모르게 꽃보다 풀에 눈길이 멎는다. 그야말로 여름풀은 잠도 안 자고 자란다. 한쪽을 뽑아놓고 다른 쪽에 끝에 다다르면 먼저 뽑은 곳은 언제 풀을 뽑았냐는 듯 소복하게 올라와 있었다.

눈뜨면 보이는 게 풀뿐일 정도로 풀이 '웬수'가 되더니, 꽃줄기 사이사이 끼어 앉은 풀줄기도 귀신같이 잡아 뽑는 '경지'에 이르더니, 마침내 풀의 얼굴이 보이기 시작했다.

솎아낼 때는 그저 풀이었던 것들이 저마다 다른 얼굴을 갖고 있었고, 물론 꽃도 피우고, 이름도 갖고 있었다.

떡별꽃아재비, 바랭이, 주름잎, 질경이, 도깨비바늘, 실새풀, 나래새, 억새, 기름새, 강아지풀, 금방동사니, 뚝사초, 청사초, 그늘사초, 쇠뜨기, 토끼풀, 산조풀, 뚝새풀, 갈풀….

식물도감에서 찾아낸 이름들이라 실제 풀과 같은 종류인지는 확신할 수 없지만, 분류상 대부분 풀이 '볏과'에 속한다는 것도 내겐 여간 신기한 일이 아니었다. 벼와 풀이 같은 식구? 그렇다면 번뇌와 보리도? 중생과 부처? 생멸과 진여? 무지와 지혜? 갑자기 쏟아지는 햇빛을 쫓아가는 낙엽 아래 풀꽃들처럼 이분법의 경계가 무너진다.

"풀을 베고 있는 범지여, 당신은 누구십니까? 이름은 무엇이고, 성은 무엇입니까?"

"내 이름은 길상이고 성은 불성입니다."

"훌륭하고 훌륭합니다. 성명이란 헛되지 않아서 그 이름대로 이룩하는 것이니 이 현세를 길하게 하여 유익하지 않음이 없고, 태어남, 늙음, 병듦, 죽음을 영원히 없앨 것입니다. 당신의 성인 불성은 나의 성과 같습니다. 당신이 베고 있는 그 풀을 나에게도 나눠 주십시오."

"이 풀을 어디에 쓰려고 합니까?"

"나는 지금 그것을 나무 아래에 깔고 앉아서 계율과 삼매, 지혜, 해탈의 법을 구하려고 합니다."

『라마경』〈고당품〉에 나오는 부처님 성도 설화 한 부분이다. 부처님께서 범지와 나누는 대화이지만 '범지'는 목초를 베는 목동이기도 하고, 농부이기도 하다.

이제 곧 새벽별이 뜨면 무상정각을 이룰 미래의 부처님은 '당신의 성인 불성은 나의 성과 같다, 당신이 베고 있는 그 풀을 나에게도 나눠달라고' 농부와 같은 성임을 말하고, 농부에게 풀을 얻어 그것을 깔고 앉아 선정에 든다.

이런 비유에는 여러 가지 깊은 뜻이 있겠지만, 부처님은 언제 어느 때나 중생과 함께하신다는 믿음만으로도 마음이 밝아진다.

절로 올라가는 산길의 칡넝쿨도 기세등등하던 기운이

한풀 꺾이며 주춤거리기 시작한다. 단풍나무를 타고 올라간 넝쿨 한쪽을 잡아당기자 줄기들이 힘없이 끌려 나온다.

    숲속의 나무들도 머지않아 꽃 같은 단풍이 물들기 시작할 것이다. 일찍 단풍이 드는 나무들은 대부분 추운 곳에서 온 나무들이라고 한다. 가을 한낮의 날카로운 햇빛으로부터 몸을 가려주는 나무 아래 서보면 나무들이 수런수런 저희끼리 주고받는 소리가 들린다. 점점 짧아지는 해를 보며 떠날 채비를 하자는 것이다.

> 저렇게 해가 짧아지다가는
> 내일이면
> 아주 없어져버릴지도 모르지.

    세상에 나온 어떤 것도 필요 없는 것은 없다고 한다. 숲 학자 차윤정 박사는 『숲의 생활사』에서 스산한 '가을 노래'의 상징으로만 알고 있던 억새의 뜻밖의 활약을 짚어준다. 무조건 뽑아버려야 할 잡초로만 여겼던 억새는 '광대하게 뻗는 땅속줄기로 흙이 바람이나 물에 의해 무너지는 것을 방지하는 역할을 하고, 잎이 세로로 세워져 있어 빛이 흙에 많이 침투하여 다른 수목의 종자 발아에도 유리하게 작용하며, 산불이 난 숲을 빠르게 복원시켜준다'고 한다.

종족의 보존이라는 엄숙한 사명을 수행하는 두 무리가 있다. 화려한 색과 향기와 눈길을 사로잡는 갖가지 모습으로 도전과 순응을 되풀이해온 꽃의 세계가 있는가 하면, 다른 하나는 꽃처럼 빛깔도 화려함도 없이 원시식물 모습 그대로 대를 이으며, 뽑히고 베이고 내던져져도 오히려 끈질기게 살아남는 풀의 세계가 있다. 꽃과 풀, 그 두 세계가 다시 보이는 여름이 간다.

선원 공책을 아무 데나 펴들어도 눈에 들어오는, 귀에 못이 박이도록 들은 말씀이 파동처럼 끊임없이 밀려온다.

번뇌와 보리가 둘이 아니다.
중생 떠나 부처를 따로 찾지 말라.

겨자씨, 바늘 끝 인연

> 내 눈 속에 오래 고여 있던
> 묵은 사랑이여,
> 그래 잘 가거라

가을은 하늘로부터 오는가 하던 시절이 있었다. 날마다 축제처럼 쪽빛 하늘이 열리고 있다. 폭염과 폭우가 지나가고 가을 태풍까지 보내고 난 이맘때쯤이면 시리도록 푸른 하늘과 하얀 뭉게구름과 휘영청 높은 달이 눈이 어릿어릿하도록 바라봐진다.

가을 하늘은 산녘 들녘 살아남은 자들에게 축복을 내린다. 화려한 빛깔로 무더운 여름을 위로하던 백일홍 입성이 추레해졌어도, 산부추 희끄무레 마른 꽃에도, 물이 줄어든 개울에도 따사로운 가을볕이 함께 하며 또랑또랑 맑은 물소리를 들려준다. 구절초는 젖은 달빛을 머금은 채 꽃잎 여는

날을 손꼽고 있다. 유홍초는 지친 초록을 타고 오르고, 흰 구름 저 혼자 흘러가고, 억새의 흰 깃털이 나부끼며 온몸으로 바람을 맞이하는 몸짓을 보고 있노라면 겹겹으로 닫혀 있던 마음도 환희롭게 열린다.

이런 가을날에는 등을 졌던 이들에게도 따듯한 미소를 보낼 수 있을 것 같고, 말솜씨는 더없이 부드럽고 정다워질 것 같다. 지난 한 철 밝은 꽃향기로 왔다가 속절없이 가는 꽃들에도 감사 인사를 전한다.

내 눈 속에 오래 고여 있던
묵은 사랑이여,
그래 잘 가거라.

올가을엔 논두렁 걷는 발길이 잦아진다. 쪽빛 하늘과 짝을 지어 들판은 황금 물결이다. 시골의 그 많던 농지들은 도로도 없어지고, 전원주택 택지로 사라졌지만 소박한 어느 농부의 의지로 길가에 다랑논을 고수하고 있는 덕분이다.

벼 이삭은 보는 장소, 보는 시간에 따라 녹색, 황록색,

황금빛이 어우러지며 오묘하게 변한다. 새삼 이삭의 빛깔을 '황금 물결'이라는 한 단어로밖에 입력이 안 된 어휘력에 머쓱해진다. 그렇다면 황금 물결이라는 말 외에 딱히 또 무슨 물결이라고 부른단 말인가. 행복 물결? 행복, 행복이라고 이름 붙여 바라지 않을 때 행복이 있다고 말하지 않았던가.

논두렁을 걷다 보면 말꼬리에 붙들려 번져나가는 이런 생각들이 쉰다.

논 가장자리에는 큰 느티나무 한그루가 무연하게 버티고 서 있고 먼 산골짜기에서는 물안개가 산 중턱을 가리며 흐르고 있다. 벼 이삭도, 나무도, 골짜기 물안개도, 그들을 그냥 바라보게 하는 힘은 어디서 오는 걸까. 누렇게 익어가는 벼 이삭은 곧 수확을 의미하고 굶어 죽지 않을 생명줄이라는 걸 몸이 안다. 억만 겁 동안 저장해놓은 업식에서 편안함, 안도감, 행복감이 피어난다.

언제부터인지 '억만 겁'이라고 자연스럽게 쓰고 있다. 경전 속에서 겨자씨는 아주 긴 시간의 단위인 '겁'을 붙여 헤아릴 수 없는 시간을 재는 도구로 나온다. 콕 찌르듯 매운 맛이 나는 겨자는 '울며 겨자 먹기'라는 속담이나 남북정상

회담으로 더 유명해진 함흥냉면에 넣어 먹는 소스 정도로만 알았는데 겨자는 따듯한 성질을 가지고 있어 냉면에 넣으면 찬 것을 중화시켜주어 탈이 안 나고, 약초로서 약리작용도 있다고 한다.

다시 경전의 겨자로 돌아가서, 겁은 '겁파(劫波)'의 준말로 인도에서는 보통 범천(梵天)의 하루, 인간세계로 치면 4억3천2백만 년을 뜻한다고 한다. 『잡아함경』에 '개자겁'의 비유를 통해 긴 시간의 단위를 설명할 때 쓰이는데, '개자겁'이란 둘레가 40리 되는 무쇠로 된 성 가운데에 겨자씨를 가득 채워놓고 장수천인이 3년에 한 알씩 집어 가서 모두 없어질 때까지 걸리는 시간을 1겁으로 삼는다고 한다. 그런데 하물며 억만 겁이라니! 상상이라는 말도 무색한 시간 개념이다. 우리 업식이 그 상상할 수 없는 시간을 지나며 쌓아온 거라는 생각이 미치자 아득하기도 하지만 마음공부에 대한 결의도 다지게 된다.

겨자씨는 시간뿐만 아니라 상상할 수 없는 공간 개념의 비유에도 쓰이고 있다.

『법화경』〈제바달다품〉에서는 '석가모니 부처님께서

한량없는 겁 동안에 어렵고 고통스러운 수행을 하시고 많은 공덕을 쌓아 깨달음의 도를 구하실 적에 일찍이 잠깐도 쉬는 일이 없으신지라, 삼천대천세계를 볼 때 아무리 작은 겨자씨만 한 땅이라도 이 보살이 몸과 목숨을 바치지 아니한 곳이 없으니, 이것은 다 중생을 위한 때문이다.'라고 설하고 있다. 또 『수타니파타』에서는 '연꽃 위의 이슬처럼, 송곳 끝의 겨자씨처럼 온갖 욕정에 더럽혀지지 않은 사람, 그를 나는 바라문이라 부른다'고 했다. 삼천대천세계라는 극히 큰 공간과 송곳 끝이라는 극히 작은 공간은 부처님 세계에 들어가면 둘을 초월하기도 하고, 둘을 품기도 한다.

수미산이 겨자씨 속에 들어가고,
사대 해수가 하나의 털구멍 속에 들어간다.

－『유마경』

부처님 제자가 된 최초 비구니인 고타미의 일화에 겨자씨 처방이 있다. 죽은 아들을 땅에 내려놓지 못하고 괴로움에 울부짖는 어미에게 부처님은 집착을 버려라, 아집을 버려라, 하는 말씀은 없다. 죽은 아들을 살리는 약을 달라고 했으니 부처님은 그에 맞는 약을 처방해주신다. 집집이 돌며 사람이 죽지 않은 집에서 겨자씨 세 알을 얻어오라고 한다. 오직 아들을 살리겠다는 일념뿐인 어미는 약 처방에 대해 이러쿵저러쿵 생각으로 따지지 않는다. 바로 부처님 말씀을 따라 겨자씨를 찾아 나선다. 집집이 겨자씨는 있지만, 사람이 죽지 않은 집은 없어서 그 흔한 겨자씨 세 알을 얻지 못한다. 부처님은 자식을 잃은 어미 마음이 수미산보다 더 큰 괴로움이지만, 우리 몸은 인연이 모여 이 세상에 와서 인연이 흩어지면 자연히 돌아가는 인연법의 진리를 깨닫도록 한다.

일찍이 없었던 폭염 속에 가까운 지인이 둘이나 고향으로 돌아갔다. 그들에게 몸이 있는 세계에서 몸이 없는 세계로 가려면 아미타부처님을 염불로 청해서 안내를 받아야 한다는 선원에서 들은 말씀을 전하며, 몸에 대한 인연을 다시 돌아보게 되었다. 이 몸을 가지고 있을 때 공부도 할 수 있고, 공부도 자식 잃은 어미가 겨자씨를 구하는 간절한 마음이 되어야 가능하다는 말씀을 누누이 들었다. 그들이 이 세상을 떠나기 전 마음에 새겼을 하루, 그 간절하고 절실한 다짐을 나에게 들려준다.

    금생에 이 몸을 건지지 않으면
    다시 어느 생에 건질 것인가.

-「수심결」

마음 소리 귀명창

> 흰 눈은 말없이 사붓사붓 세상의 경계를 지우고
> 사경하는 글씨 쓰는 소리 쓰람 언 가슴을 녹이고

새해가 밝았다. 절집 풍경 사진 아래 열두 달, 365일 별이 총총한 새 달력을 벽에 건다. 달력 앞에 서면, 빛보다 빠른 세월은 잡을 수 없어 허무하고, 아득해서 영원하다고 한 옛 어른들의 말씀을 나 역시 떠올리고 있다.

지난해에도 해맞이하듯 뭉클하게 받은 그 365일이다. 하지만 물살처럼 떠내려간 하루, 한 달, 일 년을 어떻게 썼는지 기억에 없다. 누군가에게는 '단 하루만'이라도 이 세상에 같이 하길 비는 마지막 소원일 수 있는 그 하루. 시간을 허투루 흘려 쓰지 않았나 하는 허탈감과 함께 별 탈 없이 무심히 흘러갔으니 감사하다는 마음이 뒤섞여 일어난다.

하루하루를 어찌 살았는지 기억에도 없다 했지만 실은 시도 때도 없이 시비의 물살에 허우적대고, 깊이를 알 수 없는 물속에 잠긴 것처럼 불안에 떨고, 스스로 한계에 다다른 절망감에 만사를 포기하고 싶을 때가 더 많았다. 정한 대로 되면 기뻐하고, 정한 대로 안 되면 괴로워하는 굴레에 휘감겨 옴짝 못한 나날이었다.

그런 휘둘림 속에 징검다리가 되어준 것은 부처님 말씀을 소리 내어 읽는 독경이었다.

경을 읽는 내 소리를 나에게 들려주기만 해도 팍팍한 마음을 추스르게 되고 여유가 생긴다. 그 여유 속에서 아무리 선한 일도 내 생각을 믿고 주장한 일은 쉽게 지치고, 소통과 공감으로 지어갈 수 없음을 깨닫는다. 백전백패일지라도 괴로움에 처했을 때 수행의 비결은 '지금'하는 것임을 절박하게 가슴에 새긴다.

경을 많이 듣거나 남이 듣게 하고, 스스로 지니거나 남에게 지니게 하며, 자기가 쓰거나 남을 시켜 쓰게 하고, 또 꽃과 향으로 공양한다면 이 사람이 얻는 공덕은 한량이 없어 모든 것을 아는 지혜를 내게 될 것이니라.

－「법화경」

    독경하다 보면 수시로 만나는 구절이 경전을 수지독송(受持讀誦)하는 공덕이다. 경전이 엄청난 시간적, 지리적 조건을 뛰어넘어 한 권의 책으로 나에게 오기까지를 생각하면 때때로 기적 같다는 환희심이 들 때가 있다. 부처님의 말씀을 듣고, 외우고, 결집하여, 내가 아는 글자로, 내가 쓸 수 있는 글자로 번역되고, 책으로 묶어서 손에 받아들 수 있다는 일, 그 자체가 부처님 가피라는 생각이 들곤 한다.

    친지에게 법보시로 나온 『법화경』을 받아온 그해 겨울처럼 눈이 내린다. 눈발이 앞산을 지운다. 흰 눈으로 덮인 동화 속 같은 겨울 풍경을 넋 놓고 바라보는 하루가 흘러간다. 기도하는 마음에 계절을 가리는 게 의미 없는 일이긴 하지만 겨울에 사경기도(寫經祈禱)를 하면 마음이 한결 편안하다고 느낀다. 경전이나 수련 메모를 한 글자 한 글자 연필로 베껴 쓰다 보면 글씨 쓰는 소리가 만트라처럼 들리기도 한다. 처음에는 뜻을 쫓아가지만 시간이 지나면서 소리만 귀에 가득 찬다. 때마침 눈이라도 내리면 글자들이 눈 내리듯 소복소복 스산한 마음을 덮어준다.

> 흰 눈은 말없이 사붓사붓 세상의 경계를 지우고
> 사경하는 글씨 쓰는 소리 쓰람쓰람 언 가슴을 녹이고

눈은 밝다 어둡다를 알고, 소리는 감정과 밀접하게 맞물려 있으며, 먼 소리 가까운 소리를 가름한다고 선원에서 배웠다. 나무학자 강판권 교수는 『나무 예찬』에서 나무를 만날 때마다 나무의 소리를 들어보라고 일러준다. 나무 소리를 듣다 보면 '나무 소리 귀명창'이 된다는 것이다. 즉, 나뭇잎이 바람을 맞는 소리, 새가 앉았다 날아가며 흔들리는 나뭇가지 소리가 나무마다 다 다르게 들린다고 한다. '나무 소리 귀명창' 수준에 이르면 바람에 흔들리는 나뭇가지 소리만 듣고도 살구나무인지 모과나무인지 구분할 수가 있다고 하니, 비현실적인 세계가 열리는 신통이나 마법 같은 세계처럼 들린다.

나무가 바람에 흔들리는 소리만 듣고도 어떤 나무인지 알아차리는 일도 신기한 일이지만, 나뭇가지가 흔들리는 소리에 귀를 기울이며 '귀명창'이 되기까지 자신의 내면에서 일어나는 생각들, 갈등, 혼란을 무심히 바라보았을 긴 시간이 더 귀하게 들린다.

벽을 보고 앉아 '그냥' 자신을 내버려 둘 수 있는 용기. 끊임없이 귀를 막고, 눈을 막으며 솟아나는 내 안의 경계(境界)를 '그냥' 흘러가게 내버려 두고자 마음을 내는 원력. 무엇이든 다 품을 수 있는 본래 마음이 있다는 믿음. 이 정도의 마음 준비가 되면 '귀명창'에 도전할 수 있지 않을까. 그러나 실제 나무 아래에 서 보자. 머리로 알고 있는 '그냥'은 용기는커녕 포기가 되고, 원력은 업력 앞에서 맥도 못 추고, 믿음이 설 자리는 바늘 끝만큼도 없는 나를 발견하게 된다.

올 한 해, 부디,
나무가 내어주는 그늘의 서늘한 바람 소리,
쪽빛 하늘 끝에 닿아 있는 키 큰 나뭇가지의 맑은 소리,
달빛 아래 긴 그림자로 서서 밤길을 지켜주는 침묵의

소리,
머리에서 가슴까지 천 리도 아니니
머리로 아는 일이 가슴에서 우러나길,
늘 살아있음에 감사하는
마음 소리를 듣는 커 명창이 되길 소원합니다.

꽃구름 피어오르니

> 달과 꽃이여 또 오라
> 헛걸음일지라도 또 오라
> 꽃구름으로 피어 오라

얼음장 밑으로 물이 흐르는 입춘이 지나고, 까치까치설날도 지나면 이제 꽃피는 춘삼월이다. 햇빛은 벌써 봄기운 머금고 봄바람 깨운다. 그러나 꽃이 피기까지 시련은 아직 남아있다.

기습한파에 장독이 깨지기도 하고, 아름드리 고목들이 '벌목정정(伐木丁丁)' 넘어지기도 하는 춘설이 지나가야 하고, 여린 새순의 옹알이를 시샘하는 꽃샘추위가 지나가야 한다. 그런 시련 중에 꽃피는 춘삼월은 문득, 백석 시인이 시 〈광원(廣原)〉에서 보았던 그 광경처럼 '정거장도 없는 벌판에 내려서는 젊은 새악시'가 꽃향기를 몰고 올 것이다.

겨울 끝자락에 들려오는 꽃소식은 초원의 무사들이 흙바람을 일으키며 달려오는 것 같다. 먼 남쪽에서 붉은 울음으로 피는 동백꽃, 여리여리 피어 봄바람을 나르는 변산바람꽃, 제주의 노란 함성 같은 유채꽃 소식을 받으면 메마른 땅에 이는 흙바람조차도 '흙꽃'으로 피어난다.

'꽃이란, 짓는 숨결을 나타내는 커다란 이름'이라고 『우리말 동시 사전』을 펴낸 최종규 작가는 정의한다. '짓는 숨결'이라는 말이 낯설다. 하지만 꽃처럼 아름답다. 꽃은 저마다 자기 숨결대로 삶을 지어간다는 말로 이해하며, 사람살이의 근본인 농사짓고, 집 짓고, 밥 짓고, 옷 짓는 일 모두가 '짓는 숨결'로 사는 꽃이구나 하는 생각이 든다.

> 이 산은 밤에는 늘 큰 구름을 일으켜,
> 가벼운 우레와 가랑비를 산꼭대기로부터
> 차츰 온 산에 두루 내리며,
> 팔공덕수가 흘러내려 두루 번지고,
> 이 산의 여러 가지 부드러운 풀은
> 바람에 쓸린 듯이 오른쪽으로 누웠으며,

빛깔과 향기를 갖추었고,

이 산의 흙은 부드럽고 연하여

맨발로 걸어도 다치지 않으며,

발을 디디면 네 발가락이 묻히고

발을 들면 도로 솟아 원상으로 되었다.

-「대보적경」

숲에서 '짓는 숨결'로 살아본 사람이 일러주길, 봄이 제일 먼저 시작되는 곳은 낙엽이 흘러내린 계곡이라고 한다. 꽃이 피려면 흙에 갇혀 있던 물이 풀려나야 하고, 물을 풀어낸 흙 속으로 뿌리들이 시린 발을 뻗는다는 것이다. 이른 봄, 언 땅이 녹자마자 낙엽 속에서 겨우 눈만 내미는듯한 작은 꽃을 피워 '세상에 이런 꽃도 있네!' 하게 된다는 앉은부채. 가장 낮은 자세로 엎드려야 볼 수 있는 손가락 하나 높이의 땅꼬마 꽃을 피우기 위해 앉은부채는 땅속에 1미터가 넘는 뿌리를 박고 있다고 한다. 새삼 작은 풀꽃의 애씀을 바라보는 가슴이 뭉클하다.

꽃향기는

낮은 계곡에서 우레와 비바람으로

언 가슴을 녹여 낸

흙이 짓는 숨결이구나.

춘설 물길을 찾아 시린 발을 뻗어

'애처로운 노동'을 하는 뿌리가 짓는 숨결이구나.

생명력이란, 일념으로 짓는 숨결이구나.

  물도, 불도, 바람도 손으로 잡을 수 없다. 짓는 숨결도 손으로 잡을 수 없지만 향기로 전해진다. 내가 살아온 하루하루가 짓는 숨결이 되어 어떤 향기로 전해질까. 마음 깊은 곳에서 고개를 절레절레 흔든다. 이럴 때면 선원 공책을 펴 들 수밖에 없다.

  편. 불편 감이 죽으면

  스위치를 뺀 로봇과 같다.

  망념은 고정관념으로 보는 세계라

  굳어 있어 움직임이 없다.

일념은 뜻이 살아있어 움직이기 때문에
소통, 공감이 꽃향기처럼 피어난다.

절로 올라가는 산길 중턱에 멈춰 선다. 갓난아기처럼 등에 업힌 햇볕을 가만히 느껴본다. 따듯한 손길이 등 뒤에서 힘없는 어깨를 토닥여 준다. 반가움에 돌아보지만 봄기운은 이내 꼬리를 감추며 산등성이로 달아나고 만다.
 눈도 비도 적은 겨울 가뭄이라 꽃향기의 짓는 숨결이 절박하게 기다려진다.

달과 꽃이여 또 오라
헛걸음 일지라도 또 오라
춘삼월, 꽃구름으로 피어 오라.

입춘을 앞두고 절 중정에 서원 나무를 세웠다. '입춘 서원 나무'에는 새해 소원을 적은 색색의 색종이가 꽃구름처럼 매달려 펄럭거린다. '마음공부에서 물러나지 않겠다', '자신을 사랑하겠다', '좌선과 염불', '침묵', '일념 성취' 같이 공부에 뜻을 세운 서원도 있고, '미루는 습관 고치기', '설거지, 청소 잘하기', '생각 쉬기' 같은 습관을 고치겠다는 서원도 많다. '빨리 학교 가게 해주세요', '동생이 생기게 해주세요' 하는 어린이 소원도 보인다. 나도 색종이에 마음 다짐을 적어 올리고 서원 나무 앞에 합장하고 서서 선원의 발원문을 소리 내어 거듭거듭 읽어본다.

복은 기다리는 게 아니라, 복은 '짓는' 것입니다.
운(運)은 그 '짓는' 습관에 따라오는 것입니다.

작은 선행도 바로 실천하여 자신감을 키우고[戒]
침착하고 평온하며 항상 중심을 놓치지 않는 노력으로
마음의 평화를 얻고[定]
그리하여 지금 여기에 넘치지도 모자라지도 않는 행으로
모든 만남과 진정 행복하기를 원합니다.[慧]

고(苦)에서 핀 꽃

'고'는 축복이다
'고'에 뿌리를 내려라

절로 올라가는 산길은 신록의 화엄 세계다. 저절로 깊은 호흡이 된다. 멀리서 들려오는 계곡 물소리만으로도 마음꽃이 피어난다. 무엇을 해도, 안 해도, 날마다 좋은 날이다. 이제 숲은 키 큰 나무는 나무대로, 덤불은 덤불대로 자유분방하게 가지를 뻗으며 큰 숲을 이루어갈 것이다.

나무는 어느 것과도 비교하지 않고 '지금'에 온전히 자신을 맡겨버린다. 얼음장 밑이거나, 폭풍우 치는 밤이거나, 자신 앞에 닥친 시간과 공간을 외면하지 않고, 오직 살고자 하는 의지 하나로 순간에 최선을 다하며 살아간다. 그 인연 자락에 나도 숨을 쉰다.

세상을
진흙이라 보는 눈도
하얀 연꽃

- 오니쓰라 하이쿠,
『백만 광년의 고독 속에서 한 줄의 시를 읽다』 중에서

연잎이 뒤덮은 연못에 홀연 흰 연꽃 한 송이 올라오듯 눈이 번쩍 떠지는 시 한 편을 만난다. 눈앞은 금방 둥근 연잎으로 가득한 연못이 된다. 선원 공책에도 연꽃 말씀이 피어있다.

오탁에 연꽃을 피우는 연못은 따로 있지 않다, 고(苦)에서 핀 꽃이 연꽃이다.
살고자 하는 애착의 오탁에서 일념이 익어 무념으로 핀 꽃이 연꽃이다.
오탁에 뿌리를 내리는 눈물과 참회와 감사는 삶의 향기로 전해지고, 보살의 지혜로 피어난다.

자, 이제 책을 덮고, 비 오는 날, 옛시인처럼 맨발로 연지에 뛰어가 보자.

    연꽃으로 뒤덮인 연못
    비가 오면 맨발로 뛰어가서
    연꽃처럼 서 있고 싶다.
    비 그치자 흰 구름이
    꽃처럼 날아 푸른 산을 나른다.

연못 앞에 서서 물 위로 쑥쑥 솟아오른 커다란 연잎과 마주 선다. 연잎 파도 사이로 촛불처럼 올라온 백련 봉오리. 중국 서화가 장루이펑(蔣瑞峰)의 연꽃 그림에서 보았던 '현상 밖에 노니는 마음'이라는 글귀를 떠올리다가 문득, 연 줄기가 올라온 흙탕물이 눈에 들어온다. 연꽃은 우주의 어떤 주파수를 맞추고 있길래 진흙탕물에서 맑고 향기로운 꽃을 피워내는 걸까.
    이 세상을 진흙탕으로 보는 눈도 연꽃이라고 시인은 노

래했지만, 왜 열심히 사는데도 고는 그치지 않고 반복될까. 선원을 만나기 전에 나는 그 의문을 가슴에 안고 살았다.

"무엇이 '고'입니까?"
"생각 자루인 몸은 태어났으면 죽고, 밥을 먹었으면 똥을 싸고, 생각을 썼으면 괴롭다."

절 해우소 아래 서늘한 잎새를 달고 서 있는 나무가 낯설게 들어온다. 연꽃처럼 맑다. 자세히 보니 봄에 춘곤증을 이긴다고 너도나도 따먹던 두릅나무다. '나를 따먹고 기운을 차리라'라며 자신을 다 내주고도 저렇게 훤칠하게 자라나다니…. 나무 보살이 따로 없다.

강판권 교수는 『나무 예찬』에서 놀라운 사실을 알려준다. '나무는 언제나 동물들이 자신을 노리고 있다는 사실을 잘 알고 있다.'라는 것이다. 나무가 위기의 순간을 만나면 '자신을 드러내는 고도의 전략'으로 생존을 모색하는데, 그것은 바로 먹고도 남을 만큼 많은 열매를 맺어서 자신을 노리는 자들에게 나눠주는 것이라 한다. 오래전 들었던 '나뭇잎 두 장'의 이야기처럼, 나뭇잎 두 장이 애벌레를 살리고, 애벌레가 새를 살리고, 새가 동물을 살리는 순환 고리로 이어지듯이 우리가 만나는 풍요로운 숲은 나뭇잎 두 장의 '나눔'인 것이다. 위기극복을 위해 동물들이 먹고도 남을 만큼 많은 열매를 만드는 나무의 생존전략, '나눔'이 곧 '생존'이라는 자연법칙을 배운다.

오탁의 연꽃은 말한다.

'고'는 축복이다.
'고'에 뿌리를 내려라.
'고'에 뿌리를 내리면 나눔과 감사가 살아나고
막힌 데서 멈추면 오탁은 본래 없고 연꽃은 항상 한다.

쌀이 밥이 되는 힘

모든 경계는
나를 돌이켜 보는 잣대로 써라

시월 상달이다. 가을 문턱에 들어서면 과실보다, 단풍보다, 벼 이삭이 녹빛에서 아주 조금씩 누런빛으로 익어가는 논두렁으로 마음이 간다. 눈을 사로잡을만한 기묘한 형태도, 화려한 빛깔도 없는데 우리는 황금벌판이라고 부른다. 하물며 그 무미건조한 풍경이 마음을 푹 쉬게 해준다.

농부는 추분 무렵부터 벼가 익어가며 구수한 냄새가 나는 걸 알 수 있다고 한다. 논둑길을 걸으며 가끔씩 그 구수한 냄새가 뭘까 하는 궁금증에 코를 벌름거려본다. 내 코는 벼 익는 냄새를 찾아내지 못한다. 벼 익는 냄새를 모를 뿐만 아니라 코보다 눈이 먼저 벼 이삭 빛깔에 취해 다른 감각은 힘을 쓰지 못하는 것인지도 모른다. 차츰 나이가 들며 이제는 벼 익는 빛깔은 밥 짓는 냄새로 이어지고 언제나 푸근한 엄마 냄새로 이어진다.

> 밥 짓는 냄새를 따라가면
> 그곳에 엄마가
> 경쾌한 도마 소리를 내며
> 어린 나를 반긴다.

여름 한 철, 그 화려했던 꽃더미가 스러지고, 흰 눈처럼 마당 한 귀를 덮고 있는 구절초꽃 앞에 서성이다가 느닷없이 가슴으로 훅 들어오는 울긋불긋한 가을 산에 눈을 빼앗긴다. 눈길과 달리 내 발길은 어느새 논두렁을 걷고 있고, 추수 직전의 벼 이삭을 바라보며 멀거니 서 있다가 돌아오곤 한다. 그렇게 한참을 맴돌다 보면 벼가 식물이기보다는 무슨 친구처럼 여겨지는 착각에 빠질 때도 있다. 농사의 '농'자도 모르는 나 같은 구경꾼 머리에서 나올 수 없는 느낌이라 깜짝 놀라기도 하지만, 친족을 인식하는 벼를 심어

생산량을 높이는 일도 있다고 하니 동물이건 식물이건 모든 생명체는 각자의 방식으로 용케도 알아보고 소통을 하는구나 싶다.

〈바이올로지 레터스〉에 실린 논문에 따르면, 애기장대는 옆에서 친족이 자라면 상대에게 그늘이 지지 않도록 잎이 자라는 방향을 바꾼다고 한다. 서로 같은 높이에서 잎이 자라게 해 햇빛이 상대에게 더 많이 반사되게 해서 친족 옆에서는 생장 속도가 더 빠르다는 것이다. 또 갯냉이는 생면부지 다른 식물 옆에서는 땅속에서 뿌리를 있는 대로 뻗어 영양분을 확보하려는 경쟁을 벌이는 반면, 친족에게는 상대도 뿌리를 내리도록 공간을 양보한다는 것이다. 이런 얘기를 들으면 식물은 온몸이 눈이고, 코고, 입이고, 귀고, 오감을 온몸으로 느끼는 아이들 같다는 생각이 든다.

학술적으로 벼는 일년초다. 봄에 모를 심고 가을에 이삭을 거두니 당연히 벼가 '일년초'라는 사실을 알면서도 들을 때마다 내 안에서 크게 놀란다. 먹을 수도 없고, 먹어도 배부른 것과 관계없는 화초들처럼 '일년초'라고 부르는 게 말이 되냐고 안에서 불편한 반응을 보인다. 생명과 직결되는 식량으로서 쌀에 대한 무한긍정 심리가 내 안에 뿌리박혀 있기 때문일 것이다. 강아지풀이나 바지랭이처럼 잡초가 되어 눈에 띄는 족족 화단에서 뽑혀 나가는 잡초들이 분류상 대부분 '볏과'라는 것을 알게 되었을 때도 잘 믿기지 않아 식물도감을 끼고 앉아 풀 이름을 확인해본 적도 있었다.

친족 가름까지 하면서 자란 쌀 한 톨이 우리 입에 들어오려면 농부의 손길이 88번 가야 하고, 농부의 땀이 7근 들어가야 한다는 말에 쌀 한 톨의 경건함을 느낄 수 있다. 옛 어른들은 추수한 쌀을 절에 공양미로 올릴 때는 쌀알을 상위에 펼쳐놓고 깨진 쌀알이나 낟알을 골라냈다. 콩이며 팥이며, 깨 등속을 담은 자루를 머리에 이고 산길을 오를 때에도 부처님 전에 올릴 공양미는 땅에 내려놓지 않는 것이라며 머리에 곡식 자루를 인 채 서서 쉬던 할머니 모습. '정성이란 이런 지극한 마음이구나'라는 것을 처음 알게 해주었다. 그렇게 정성으로 올린 공양미로 지은 밥상을 받으면 '이 음식이 어디서 왔는가. 내 덕행으로 받기가 부끄럽네.'라며 〈공양게〉에 저절로 합장하게 된다.

'밥'이라는 말만 들어도 우리는 마음부터 배가 부르다.

김승희 시인은 시 〈새벽밥〉에서, 새벽에 밥솥을 열면, '하얀 별들이 밥이 되어 으스러져라 껴안고 있다'고 한다. 그리고 '별이 쌀이 될 때까지, 쌀이 밥이 될 때까지 살아야 한다'고 새벽밥을 먹고 첫 운행 버스를 타고 일터로 나가는 사람들의 먹먹한 가슴소리를 들려준다.

사찰음식은 삼천 년의 지혜를 먹는다는 말이 있듯이 쌀로 만든 음식은 인류의 지혜를 먹는다는 말도 있을 법하다.

논두렁을 돌아오는 길에 앞산을 마주한다. 가을 산은 마치 수채화 물감을 풀어놓듯 단풍이 한창이다. 수천수만의 각각의 나무가 제 빛깔을 내어 가을 하모니를 이룬다.

'모든 경계는 나를 돌이켜보는 잣대로 써라.'

수련 시간에 스님께서 일러주신 말씀이 물속 달처럼 떠오른다.

눈 속에 반짝이는 초록

스승을 찾아서
길을 가고, 가고 또 가는

　연일 눈보라로 하루를 연다. 하루가 멀다고 내린 눈은 산을 덮고, 마을을 덮는다. 맹추위가 사나흘 이어지며 매일 눈이 온 듯이 마을도 산도 며칠째 하얀 눈 세상이다.

　냇길을 지나 산길로 접어들자 휘몰아치던 냇바람이 순간 뚝 멎는다. 바람막이가 되어주는 산길은 언제나 별세계로 들어선 느낌이 든다. 누군가 길목에 기다리고 섰다가 폭 안아주며 먼 길 오느라 애썼다고 등을 토닥여 주는 것 같다. 그러나 안온한 느낌도 잠시, 바람은 피했지만 산길은 길이 없어졌다. 길이라면 오직 길을 알 수 없는 눈길뿐이다.

　아무도 가지 않는 눈길 앞에 서면 나도 모르게 숨을 크게 몰아쉬며 멈칫거리게 된다.

　여기 두 개의 장면이 있다.

　첫 번째 장면. 숲 한가운데 붉은 장막이 늘어져 펄럭인다. 요란한 나팔소리를 울려 늑대들을 일제히 그쪽으로 몰아낸다. 나무들 사이를 날렵하게 달리던 늑대들이 그 붉은 장막 앞에서 흠칫, 멈추어 선다. 머뭇거리는 사이, 몰이꾼들이 덮친다. 이것이 발트해 연안에서 늑대를 사냥하는 방법이라고 한다. 울타리도 아니고 철조망도 아닌데, 대체 왜? 늑대들은 천 쪼가리에 불과한 붉은 장막을 결코 넘어서는 안 되는 경계로 오인하는 것일까.

　두 번째 장면. 냇길을 혼자 걷는다. 냇바람이 거세게 언 뺨을 때린다. 등을 구부리고 고개를 숙인 채 앞만 보고 걷는다. 겨우 냇바람을 뚫고 산길로 접어든 나는 아무도 걷지 않는 눈길, 고요의 장막 앞에서 멈칫, 머뭇거린다. 물살 센 강도 아니고, 가로막혀 있는 바위산도 아닌데, 대체 왜? 나는 결코 발걸음을 내디딜 수 없는 아찔한 절벽에 선 것처럼 아득해지는가.

　머뭇거리는 사이, 불안이 덮친다. 하지만 나는 늑대가

아니다. 머뭇거림. 멈칫, 멈춤이 나를 흔들어 깨운다. 생각에 싸여 고정되어 있던 의식을 흔들어 깨운다. 지금을 보는 기회가 온 것이다. 산길을 따라가면 절이 있다는 믿음이 내 안에서 내려온 장막을 툭 걷어찬다. 한 발 한 발 내디딜 때마다 불안이 함께 펄럭이지만 나는 걷기를 계속한다.

> 눈은 거기에 그냥 있어라.
> 나는 걷는다.
> 불안이여, 따라오든지 말든지.
> 나는 걷는다.

나는 마치 미지의 세상으로 들어가기 전에 그곳의 정령들에게 고하는 주문처럼 심호흡을 세 번 한다. 그리고 침묵과 고요의 장막을 밀고 나간다. 막상 내디디고 보면 눈길은 건너지 못할 강도 아니고 밀고 나갈 수 없는 바위산도 아니다. 저항할 대상도, 발목이 잡히는 대상도 아니다. 그냥 한 발을 쑥 내미는 순간, 눈과 하나가 된다.

걷는 일은 내 몸짓 중에 가장 익숙하고 가장 단순한 동작이다. 이제껏 살아오면서 내가 내디뎠던 수많은 발걸음 중의 하나일 뿐이다. 그러나 이 단순한 한 동작에 마음을 싣는다는 일은 그리 만만치 않다.

일념으로 내딛는 발걸음에 힘이 실린다. 먼 기억들이 나뭇가지에 쌓인 눈처럼 바람에 날린다. 갈 길 몰라 막막하게 하늘을 올려다보았던 시간들, 스스로 생각에 사로잡혀 주저앉았던 시간들이 피어난다.

홀로 눈길에 발자국을 내며 걸으면, 스승을 찾아서 길을 가고, 가고 또 가는 선재 동자의 발걸음이 눈 위에 비친다. 아무도 가지 않은 눈길을 자신의 발자국을 거울삼아 홀로 길을 가는 구도의 발자국이 등불처럼 나를 비춰준다. 내 안에서 환청처럼 누군가를 간절하게 부르는 소리가 들린다. 내가 나를 부르는 소리일지도 모른다. 눈길 침묵은 눈을 밟는 발걸음 소리와 가쁜 숨소리를 고스란히 거울처럼 비춰주고 있다.

이제 사람의 몸으로 부처님과 선지식을 만나
보리행을 들으니 어찌 기쁘지 않으리.

비록 부처님을 만나고 선지식을 만났더라도
마음이 청정하지 못하면 이와 같은 법 듣지 못하리.
이같이 마음 청정하고 항상 부처님을 모시고
모든 보살 가까이하면 반드시 보리를 이루리라.

-「화엄경」

산 비탈길에 멈춰 서서 내가 걸어온 발자국을 돌아본다. 아주 오래전의 내 모습을 다른 누군가가 이야기를 들려주는 것처럼, 눈길에 찍힌 발자국마다 내가 서 있었다.

너는 거기에 그냥 있어라. 나는 다시 걷는다.

조심스럽게 내딛는 발끝과 뒤꿈치를 눈 위에 완전히 밀착시킨다. 습관적으로 걸었던 내 발은 긴장하며 감각이 깨어나기 시작한다. 발걸음마다 힘이 느껴진다. 먼 곳에서 비질 소리가 들린다. 절 식구들이 산길을 쓸며 내려오고 있다.

봐라, 꽃이다

마음을
새롭게 찾지 마라

　남쪽에서 달려온 꽃길 천 리는 이제 허공 꽃으로 피어나는 낙화 천 리다. '꽃잎 하나 날려도 봄이 간다'는 두보의 시처럼 절 마당에도 매화, 동백, 산수유, 수선화, 미나리아재비, 제비꽃, 양지꽃으로 시작된 꽃길이, 산벚, 진달래, 영산홍, 목련, 박태기, 작약, 할미꽃, 당귀꽃, 선방 옆 불두화, 해우소 아래 복사꽃마저 피고 나면 눈 호사를 누리던 봄이 가고, 꽃 진 가지 끝이 연둣빛 새순으로 환해지는 오월을 맞는다.

　초파일이 있는 오월은 거리마다 절 골마다 마음을 환하게 밝혀주는 연등으로 또다시 꽃물결을 이룬다.

어디서 시작되었을까요.

겨울눈 박차고 꽃눈 뜨는 산수유꽃 지고,

그 자리에 붉은 등 하나 걸렸습니다.

산언덕 진 달래꽃 지고,

그 자리에 초록 등 하나 걸렸습니다.

올봄에는 대지가 꽃으로 웃는 찬란한 꽃잔치에 장막 치듯 눈을 가리며 미세먼지가 기승을 부렸다. 봄의 생동감, 설렘을 안겨주던 산과 들, 푸른 나무와 풀꽃들은 수시로 먼지 벽에 가로막혀 우리 시야에서 사라지곤 했다. 강요된 침묵을 상징하던 마스크로 눈만 겨우 내놓고 종종걸음으로 바쁘게 오가는 거리 풍경은 추운 겨울보다 더 삭막해 보였다.

불과 10여년 전만 해도 봄의 불청객은 법당 수미단 위에 뽀얗게 내려앉은 송홧가루 정도였다. '송홧가루 날리는 외딴 봉우리 윤사월 해 길다 꾀꼬리 울면…'이라는 목월 시인의 시구(詩句)가 생각나게 하던, 그 시절 법당 청소는 지금 생각해보면 낭만적이기까지 했다. 그때만 해도 먼지, 그

것도 눈에 잘 보이지도 않는다는 미세먼지로 인해 숨쉬기조차 힘들 줄은 상상도 못 한 일이었다.

우리가 좀 더 편리하고, 좀 더 편안하려고 온갖 애를 쓰며 만든 산업화, 도시화에 길들여지는 동안 역설적으로 먼지의 역습을 당해 마음 놓고 숨쉬기도 어려운 봄을 맞고 있다. 우리가 '편리'라는 명분으로 나무를 마구잡이로 베어 없애고 그린벨트 안에서조차 공산물 창고를 짓고, 논밭을 메워 시멘트로 덮어버리는 통에 식물은 점점 설 자리를 잃어버린 지 오래다.

나무는 진액 한 방울 흘릴 때마다 씨앗 하나가 열리지 못하고, 가시 하나를 만들 때마다 이파리 하나를 만들지 못한다고 한다. 생태학자들은 식물들이 4억 년 전에 고생 끝에 푸르게 만들었던 대지를 인류가 다시 딱딱하고 황폐한 곳으로 만들고 있다고 진즉부터 경고해 왔다.

책이나 언론에서 이런 정보를 들을 때면 철렁 놀라서 나부터라도 생활 패턴을 바꾸자고 다짐하곤 했다. 그런데 희한하게도 경고는 경고일 뿐 편리함에 길든 일상의 내 행위는 좀처럼 변하지 않았다. 오존층이 파괴되고, 빙하 벽이 무너지고, 만년설이 사라진다는 뉴스를 접할 때마다 다짐하던 경각심은 돌아서면 그만이었다. 기껏해야 장바구니를 가방에 넣고 다니거나, 손수건을 챙기는 게 고작이었다.

최근에는 고래나 거북이 바다에 둥둥 떠다니는 비닐이나 플라스틱을 먹이인 줄 알고 삼켜서 고통 속에서 목숨을 잃는다는 기사를 보면 스스로 분노할 자격이나 있는지 좌절감에 휩싸이고 만다. 봄날의 우울한 소식 때문인지 늘 꽃물결로만 보이던 오색 연등이 새삼 불자로서의 마음가짐을 돌이켜보게 한다.

그대들 번뇌의 때 씻어버리고
자세히 들어라.
여래는 보고 듣기 어려운데
무량 억겁이 이제야 만나니
우담발라꽃이 어쩌다 피듯
그러니 부처님 공덕을 들어야 한다.

-「화엄경」

우담발라꽃은 여러 경전 속에서 매우 드물고 귀한 상황을 묘사할 때 인용되곤 한다. 삼천 년 만에 한 번 핀다는 초자연적인 천상의 꽃이며, 부처님이 세상에 출현하실 때 그 복덕의 힘으로 피어나는 꽃이라고 되어 있다. 하지만 우담발라는 실존하는 식물이며 열매는 식용도 가능하며, 목재는 건축자재로 쓰고, 잎은 코끼리 사료로 쓰인다고 한다. 밀교 경전에는 이 나무가 주술성이 있다고 하여 기우제를 지낼 때 쓰인다고 한다.

때때로 SNS나 언론에서도 우담발라꽃이 피었다고 사진을 찍어서 올리는 것들은 대부분 풀잠자리알이라는 설명에서 신비감은 한순간에 사라지고 만다. 우담발라가 꽃은 있지만 꽃을 볼 수 없는 까닭을 불교식물연구원 민태영 원장님이 자세히 알려준다.

"무화과의 꽃은 꽃의 받침이 비대해진 형태의 부분(우리가 열매라고 먹는 것) 안쪽에 있습니다. 숨어 있는 꽃의 형태라는 의미로 은두(隱頭) 꽃차례라 부릅니다. 결국, 열매가 꽃 덩어리인 셈이죠. 무화과꽃은 말벌에게 꿀과 알을 낳는 터를 제공하고 암컷 벌이 부지런히 꽃가루를 몸에 묻혀 옮직이게 함으로써 수정을 하게 합니다."

우담발라꽃이 신비의 꽃으로 알려지게 된 것은 꽃의 속성이 보통의 꽃처럼 밖으로는 잘 드러나지 않기 때문이라는 것이다. 우담발라는 해마다 꽃이 피고 열매를 맺으며 우리 곁에 늘 있었으나 꽃이 보이지 않는 무화과의 특성상 전설의 꽃으로 여겨졌다. 그렇다. 우담발라의 꽃은 항상 피었으나 관심을 두지 않으면 볼 수 없는 '관심꽃'이었다.

> 모든 사람을 더 행복하게 해주겠다는 마음[慈心]
> 모든 사람의 괴로움을 덜어주고자 하는 마음[悲心]
> 모든 사람의 행복을 함께 기뻐해 주는 마음[喜心]
> 모든 사람에게 베푼 일에 대해 보답을 바라지 않고
> 남으로부터 받은 피해를 모두 용서해주는 마음[捨心]
>
> — 『법화경』, 방편품 사무량심

'지혜는 하늘에서 뚝 떨어지는 요행이 아니라 지금 할 수 있는 일 속에 관심이 피어나면 지혜가 열린다.'라는 스님 말씀처럼 일상생활의 익숙한 것에도 관심을 두게 될 때, 새롭게 보이고, 새롭게 들린다는 것을 알 수 있다. '관심꽃'은 우담발라꽃처럼 늘 있는 꽃이지만 선근의 뿌리가 내려야 비로소 보인다고 한다. 관심이 살아날 때 피어나는 '관심꽃'이 수행 이치라는 말씀도 크게 들린다.

    선원에서 차담을 마치고 도반들과 호미를 들고 산 아래로 내려간다. 한 포기 풀꽃이라도 심는 것이 미세먼지 속에 갇혀 있는 지금 우리가 할 수 있는 일인 것이다.

    봐라, 꽃이다, 우담발라꽃은 말씀하신다.

마음을 새롭게 찾지 마라.
늘 쓰는 중생심을 돌이키면
우담발라꽃 피듯
부처님은 그 자리에 항상 하신다.

나무 그늘 아래서

벽을 보고 앉아라

지구는 일찍이 없었던 일을 겪고 있다. 올여름 가장 많이 말하고 들은 말. 폭염이다. 열대야로 밤잠을 설치고 새벽 마당에 나와 어둠 속에 앉는다. 낮에는 들리지 않던 물소리가 반갑다.

천지는 어둡고 먼 계곡의 물소리가 귀를 깨우네.
천지는 어둡고 먼 별빛이 눈을 깨우네.
신께서 숨겨놓은 지혜가
땅과 물과 바위, 허공에 있다네.

산 너머로 날이 밝아오면서 새소리가 물소리를 덮고, 풀벌레 소리도 물소리를 덮는다. 불면을 지켜주고, 어지러운 생각들을 품어주던 나무들이 깨어난다. 초여름만 해도 낮과 밤의 온도 차가 있어 새벽이슬이 보이더니 그마저 사라져 화초 줄기들은 고개를 꺾고, 나뭇잎들도 누렇게 떡잎이 지고 있다. '초록이 지칠' 때면 오색공단 같은 백일홍이 피고, 망우초가 빗속에서도 오렌지 가사 빛깔로 등불을 달고, 배롱나무가 뭉게구름처럼 진분홍 꽃 무리를 이루건만 올해는 꽃도 가뭄이다.

폭염의 끝은 언제일까. 비는 언제 올까. 태풍이 언제 이 불볕더위를 밀어낼까. 몸에서 일찍이 경험했던 기대를 안고 처서를 기다리고, 입추를 기다린다.

일찍 우는 풀벌레 소리에 응답하듯 백일홍 남은 줄기에서 꽃 얼굴 몇몇이 겨우겨우 깨어난다. 물길을 찾아 어디까지 발끝을 뻗어서 이 아침 저렇듯 선명한 빛깔로 꽃잎을 열었을까. 꽃을 보고 생기를 얻으니 서로 살아있음에 감사하다.

해가 밝아올수록 나무 그림자가 선명하다. 폭염에 시달

린 탓인지 유독 나무 그늘이 눈에 들어온다. 빛과 그림자는 늘 같이 있건만 기분대로 밝은 빛을 쫓거나 욕심대로 그림자를 쫓는 통에 마음은 늘 갈팡질팡 우왕좌왕이다.

얼마 전 텔레비전에서 뙤약볕이 내리쬐는 대나무 꼭대기에 둥지를 튼 어미 왜가리가 갓 부화한 새끼를 보호하기 위해 날개를 펼쳐 들고 해의 위치에 따라 온종일 자리를 옮기며 그늘을 만들어주고 있는 장면을 보았다. 해가 떨어지고 서늘한 저녁이 되면 어미 왜가리는 종일 펼쳤던 고단한 날개를 다시 펄럭이며 먹이를 찾아 나선다. 어미 왜가리의 날갯짓이 애면글면 살아가는 우리네 삶과 너무도 닮은 것 같아 연민과 함께 삶이란 무엇인가, 다시 돌아보게 된다.

자신의 그림자를 한 곳에 멈춰 해가 질 때까지 그늘을 드리운 나무가 있다. 『아함경』 미증유품에 나오는 '다른 모든 나무그림자는 해를 따라 다 옮겨갔으나 오직 염부나무 그림자만은 그 그늘이 부처님 몸에서 더 나아가지 않았다.'라는 염부나무다.

『경전 속 불교식물』에 따르면 염부는 '잠부'를 음사한 말인데 염부제라는 섬에서 자라는 나무라고 한다. 염부제는 인도 신화에서 비롯된 수미산 남쪽에 있는 섬으로 남염부주라고도 부르며 우리가 사는 중생계를 상징한다고 한다.

염부나무는 무우수, 보리수, 사라수와 함께 부처님 일대기의 중요한 장면에 함께한 나무다.

태자 신분으로 농경제에 참석한 부처님은 그곳에서 일찍이 보지 못한 놀라운 광경을 목격하게 된다. 농부가 쟁기로 땅을 갈아엎자 벌레들이 찍혀 나오고, 그 벌레를 새들이 쪼아먹고, 새는 독수리 밥이 되는 냉혹한 현실을 마주한 부처님은 홀로 숲으로 들어가 염부나무 아래 앉는다. 그곳에서 부처님은 '관조의 평화로운 순수의식 상태'인 초선정에 드신다. 그때에 염부나무의 그림자도 움직이지 않았다는 심오한 말씀을 뒤로하고, 나는 '염부나무 아래서'라는 장소에 더 깊은 의미를 두게 된다. 염부제가 중생이 사는 곳이니, 그림자 있는 곳에는 빛이 함께 하듯 중생 있는 곳에 부처님이 계신다는 믿음을 얻는다.

엄동설한이 지나면 봄이 오고야 말듯이 이제 곧 폭염은

물러가고 가을 단풍이 손을 흔들 것이다. 단풍의 찬란한 빛깔은 새롭게 얻어진 색이 아니라 오히려 처음부터 나뭇잎에 단풍의 색이 들어있었다고 한다. 여름 동안 가지를 뻗고, 꽃을 피우고, 열매를 달기 위해 부단하게 굴리던 바퀴를 멈추고 나서야 비로소 자신의 색이 드러나는 이치일 것 같다.

풀벌레 소리가 물소리를 덮는 걸 보니 곧 폭염도 누그러질 것이다. 빛을 쫓거나 그늘을 쫓거나 무엇이 더 나을까 저울질하느라 애달복달 하는 마음의 그림자에도 부처님의 빛이 함께 하신다는 믿음을 낸다.

그림자를 한 곳에 멈춘 염부나무 그늘 소리를 듣는다.

벽을 보고 앉아라.

달빛 그림자 바람에 전하네

> 달빛에 비친 댓잎 그림자
> 그대로 비추어
> 늘 고요하고 맑았으리

긴 된더위도 마침내 꺾이고 한낮 따가운 볕에 곡식이 여문다. 폭염과 폭우에 넘어지지 않고 태풍에도 꿋꿋하게 견뎌낸 햅쌀 한 줌, 붉은 사과 한 알을 신비로운 선물처럼 받는 오곡백과의 가을이다.

절로 올라가는 산길은 단풍도 단풍이지만 어느새 빈 가지 나무 그림자가 성글다. 한여름 큰 그늘을 드리워주던 나무를 이제야 올려다보니 오동나무다. 커다란 이파리 하나가 도르르 말린 채 가지 끝에서 대롱거린다.

오동나무를 볼 적마다 이미시서원 한명희 좌장님께서 문학동아리 이름을 〈춘초몽〉이라고 지어주셔서 알게 된 아름다운 시가 떠오른다.

> 못가에 돋은 풀들이 봄 꿈에서 깨기도 전에
> 섬돌 앞 오동나무 잎은 벌써 가을 소리가 들린다.
>
> —「주자」, 우성(偶成)

 그늘을 드리워주던 나무 한 번 제대로 바라보지 못하던 나를 문득, 멈추게 하는 순간은 언제일까. 보고 싶은 것만 보려 하고, 듣고 싶은 것만 들으려 하며 길들인 대로 편안함을 쫓는 내 머리 구조를 문득, 돌이켜보게 하는 순간은 언제일까.
 바람이 분다.
 자연은 신들의 것이라고 믿는 신화 속에서는 나뭇가지에 스치는 바람조차 신의 정령이 움직인다고 여겼다. 잠든 대지를 흔들어 깨우는 봄의 흙바람, 시련의 여름 폭풍, 달 밝은 갈바람, 그리고 먼 전생처럼 아스라한 겨울 숲에서 불어오는 대숲 바람 소리. 햇빛이 힘을 풀어버린 가을, 마른 풀이 서걱이는 바람 소리에 문득 걸음을 멈춘다.

얼마 전 남해 절에서 대숲을 만났다. 나한전에서 절을 마치고 나오는데 노스님이 가늘고 긴 대나무로 마당에 난 풀을 뽑고 있었다.

대나무의 창의적인 쓰임새를 궁금해하며 여쭙자, 땅바닥에 바짝 붙은 풀들은 대나무로 뿌리를 흔들어 놓으면 흙도 패지 않고 뽑아낼 수 있다는 것이었다.

"대나무는 숲에 낮게 자라는 산죽이 있고, 보통 알고 있는 대나무는 왕대야. 죽비 만드는 건 왕대야. 이건 신우대야. 신우대는 말리면 아주 단단해. 신우대 밑을 보면 뿌리가 생긴 게 있어. 몇 년 된 거지. 그걸 골라서 말리면 여러 가지로 쓰지. 행자 교육에도 쓰고."

"행자 교육에요? 대나무를요?"

"행자 교육 받을 때 경을 못 외우면 종아리 걷고 맞았지. 나는 아직 한 번도 써보지는 않았어. 행자님들이 잘해."

노스님은 요사채 뒤편으로 성큼성큼 걸음을 옮기셨다. 뜻밖에도 그곳엔 하늘을 가리는 울울창창 대숲이 요새를 이루고 있었다.

대나무는 인류의 의식주와 함께하며 정신적으로도 많은 영향을 준 나무다. 집을 짓고, 울타리를 치고, 활과 화살, 죽창으로 전쟁을 치르고, 낚싯대로 물고기를 낚고, 죽순을 먹고, 죽엽차, 죽엽주를 마시고, 채반과 광주리, 대자리, 대발, 헛간의 갈퀴, 옷을 짓고, 참빗으로 단장하고, 지팡이와 의자를 만들고, 붓 통과 죽부인도 있다. 부챗살, 우산살, 연살은 어떤가. 대금과 피리는 또 어떤가.

불교 승단의 최초 가람(伽藍)이며 도량의 시초가 된 〈죽림정사〉는 빔비사라왕이 보시한 죽림, 즉 대숲에서 시작되었다.

경전에 '이와 같이 들었다. 한때 부처님께서 왕사성 죽림정사에 머무르시며'로 시작되는 죽림정사는 부처님께서도 세 번의 우안거를 보내셨고, 사리불, 목건련, 마하가섭과 같은 상수 제자들의 귀의를 받은 곳이라고 한다. 죽림정사를 기반으로 안거를 시작하면서 불교의 부흥과 전법의 길이 열리게 되었다고 한다. 죽림을 부처님께 올린 빔비사라왕이 수행처의 구비 조건으로 대숲의 덕목을 짚은 대목을 들어보자.

어디에 부처님께서 머물면 좋을까?
마을에서 너무 멀지도 않고, 너무 가깝지도 않고,
오고 가기에 편리하고,
사람들이 방문하기 쉽고,
낮 동안 너무 번잡하지 않고,
밤에 소음이 없고,
조용하고 인적이 드물고,
방해받지 않고,
수행에 적합한 곳이 어딜까?
나의 대나무 숲은 모든 구비 조건을 갖춘 숲이다.
나는 이 대나무 숲을 부처님과 승단에 올려야겠다.
빔비사라왕은 부처님께 말하였다.
"부처님, 저는 이 대나무 숲을 부처님과 승단에 보시하고자 합니다."

-「과거 현재 인과경」

대나무는 '절도와 질서'에 비유되는 만큼, 오랜 기간 땅

속에서 뿌리 성장에 힘을 기울이는 은거와 하심, 흙을 박차고 나와 단숨에 쑥쑥 자라는 용맹을 보여준다. 위아래로 마디가 있어 쉼을 딛고 비움으로 나가는 대나무의 생장 모습 또한 수행처로서 더없이 좋은 조건이 되었으리라.

다시 남해 절에 가게 되면 옛날 어른들처럼 대숲 바람 소리를 듣고 싶다.

> 달빛에 비친 댓잎 그림자
> 그대로 비추어
> 늘 고요하고 맑으리라.

액은 막고 복은 알알이

기운이 맑으면 꽃이 핀다

해가 갈수록 새해를 맞는 일이 꿈같고, 기적 같다는 생각을 한다. 하물며 세상은 밤새 흰 눈으로 덮였고, 하늘은 시리게 푸르다. 신천지가 따로 없다. 새해 벽두에 내린 눈을 보니 때가 때인지라 지난 한 해 찌들었던 몸과 마음이 저절로 정화될 것 같은 기분이다.

동지가 지나면 눈에 보이지 않지만 날마다 해가 길어진다는 믿음만으로도 희망이다. 겨울나무들은 뺨이 얼어붙을 듯 쌩한 바람이 불어도 해의 길이를 재느라 빈 가지를 높이 들고 키를 늘인다. 언 땅이 녹기를 기다리는 씨앗들은 또 어떤가. 벌써 기지개를 켜느라 들썩거리는 소리가 들리지 않을까, 새처럼 귀를 세운다.

> 산다는 것은
> 어찌 됐든 꽃을 피우는 일이다
> 새날이 밝으니
> 겨울나무들 해의 눈을 따라
> 예서 제서 기웃기웃
> 찬 눈꽃을 털고
> 풍년꽃 피운다.

코로나 사태로 비대면 법회라 법당에 참여자는 없어도 부처님 전에 올릴 공양물은 여느 때와 다름없다. 상단, 신중단, 영단에 과일과 떡을 올리고 향, 초도 새것으로 올린다. 상단의 오색 과일이 꽃처럼 환하고 풍성하다. 사과, 배, 단감, 딸기, 그리고 석류가 보인다. 사과, 배, 단감은 저장시설이 좋아 요즘은 한겨울에도 흔하게 접할 수 있다. 딸기 역시 계절을 한참 앞질러서 출고한다. 겨울 동안 비닐하우스에서 불을 피워서 키워낸다고 한다. 석류는 먼 나라에서 들여온 것이다. 석류의 붉은빛으로 액을 막고, 석류알처럼 알알이 복이 들어오길 바라는 마음에 저절로 두 손을 모아 합장을 한다.

 석류는 석류 알 만큼이나 많은 이야기를 갖고 있다. 『양화소록』의 석류 편을 펼쳐 보니 꽃과 열매 모두 관상용은 물론 약용으로도 오랜 세월 사람들에게 곁을 주며 살아온 나무임을 알 수 있다.

 '석류화는 안석국(安石國)에서 왔기 때문에 안석류(安石榴), 붉은 열매 속이라 단약(丹若), 중국에서는 해외의 신라국에서 온 것이라 해류(海榴)' 등과 같이 여러 이름으로 불려왔다고 한다.

 '온통 새파란 덤불 속에 핀 붉은 꽃 한 송이, 사람의 마음을 들뜨게 하는 봄의 색깔은 굳이 많은 것을 필요로 하지 않는다. (萬綠叢中紅一點 動人春色不須多)'

 중국 북송대 왕선석의 시에 나오는 '홍일점'의 유례도 석류에서 온 것이다. 그중에도 석류 열매는 다산을 상징하는 의미로 생활 속에 자리 잡은 걸 볼 수 있다. 조선 시대

공주나 옹주 등의 대례복인 활옷과 원삼 문양에 석류 열매를 그린 것도 다산의 상징이다.

인도에서는 석류의 붉은색으로 마귀 쫓는 식물로 여겨서 벽사의 의미도 있고, 불교 설화 〈귀모자경〉에는 아이를 잡아먹던 하리티 악귀가 부처님의 감화를 받아 오히려 아기를 점지해주는 자귀모신이 되어 신앙의 대상이 되었다고 나온다.

옛날 옛날에 하리티라는 악귀가 살고 있었는데 새끼가 무려 1천 마리나 되었단다. 하리티는 아이를 보면 무조건 잡아먹어서 사람들이 몹시 두려워했지. 하리티 악귀에게 아이를 잃어버린 엄마들의 애간장이 타는 슬픔은 이루 말할 수 없었단다. 엄마들은 부처님에게 달려가 참척의 고통과 애통을 호소했어. 부처님은 깊은 자비심으로 서로를 살리는 방편을 썼단다. 부처님은 하리티 새끼 중에 한 마리를 몰래 감췄지. 하리티는 천 명이나 되는 새끼를 갖고 있어도 자기 새끼 한 마리가 없어진 것을 알아차리고 미친 듯이 찾아 헤매다녔지. 결국 비통한 심정으로 부처님을 찾아

갔단다. 부처님은 울고 있는 하리티에게 자신이 그동안 무슨 짓을 했는지 돌이켜보게 해주었어. 바로 자식을 잃어버린 어미 심정을 알게 해주었지. 그렇게 하리티는 비로소 자식을 잃어버린 슬픔이 무엇인지 알게 되었단다. 부처님은 하리티의 새끼를 돌려주면서 아이를 잡아먹는 대신 석류를 먹게 했단다. 그 후 하리티는 아기와 엄마들을 지켜주는 자귀모신이 되었단다. 그래서 자귀모신을 모신 사당 앞에는 반드시 석류를 심었고, 자귀모상은 품에 어린아이를 안고 있고, 손에는 석류를 들고 있단다. 우리나라 삼신할미처럼 출산을 돕고 아기들이 잘 자랄 수 있게 복을 주는 신이 되었단다.

복을 지어야 복 많은 인연을 만나고
덕을 지어야 덕 많은 인연을 만난다.
복과 덕을 지어가는 길은 관심이 살아있어야 한다.

새해 복덕을 지어가는 법문을 듣고 내려오는 길이라 그런지 나무의 존재감은 겨울 숲에서 더 크게 느껴진다. 큰 나무는 큰 대로, 작은 나무는 작은 대로 땅속의 뿌리를 믿는 힘, 그리고 열매를 맺어 나누는 힘, 그 힘에서 복덕을 지어가는 관심이 살아나고 선근이 뿌리를 내리리라.

어둠이 깊을수록 별은 빛난다고 해서 우리는 빛나는 별을 찾는다. 하지만 별은 어둠을 바탕으로 빛나기에 어둠은 어둠으로만 남지 않는다. 마찬가지로 우리가 겪고 있는 '코로나 블랙'은 블랙으로만 남지 않을 것이다. '느리게 출현하고 끈기 있게 성장'하는 나무처럼 인류에게 자정 능력을 일깨우고, 결핍에서 깨닫게 된 지혜로 더 풍성한 연대감을 갖게 할 것이다.

풍요의 신, 석류나무는 말씀하신다.

목마른 이 갈증을 풀어주듯이, 추위에 떨고 있는 이가 따듯한 불을 만나듯이, 헐벗은 이가 옷을 얻은 듯이, 장사하는 이가 물건의 주인을 만나듯이, 아들이 어머니를 만나듯이, 나루터에서 물을 건너는 이가 배를 만나듯이, 병든 환자가 의사를 만나듯이, 어두운 밤에 밝은 등불을 만나듯이, 가난한 이가 보물을 얻은 듯이 백성이 현명한 임금을 만나듯이, 무역하는 이가 바다를 만나듯이, 횃불이 일체의 어두움을 밝히듯이.

― 「법화경」, 약왕보살본사품

기운이 맑으면 꽃이 핀다.

달의 향기

달의 숲을 떠나며 마지막으로 본 나무가 계수나무가 아닐까?

문학 치유 프로그램을 진행하느라 드나드는 정신병원에 환우들의 원예치유를 위한 작은 정원이 있다. 그곳에 전설의 계수나무가 있다. 아무도 심지 않았는데, 정원 한 귀퉁이 흙을 쌓아둔 곳에서 나무가 쑥쑥 자라더란다. 이름도 모르는 나무가 저 혼자 자라는 게 신기해서 환우들은 하트 모양의 이파리에 꽃향기마저 좋은 이 나무를 '달의 향기'라고 부르며 애정을 쏟았는데, 다 자란 후에 알고 보니 계수나무였다고 한다.

지나가는 바람

어둠을 치니
흰 달빛 맑은 향기 날린다.

달의 향기를 따라 가본다. 향기의 뇌관을 건드리면 기억들이 달빛처럼 쏟아져 나온다. 어둠 속에서 홀로 밝은 달이 제일 먼저 떠오른다. 그리고 항아 아씨 계수나무와 방아 찧는 토끼. 곤륜산 옥으로 만든 빗으로 머리 빗다가 그만 떨어트려 해님이 쓰다 버린 반달이 된 직녀의 얼레빗. 달도 별도 과학 방정식으로 풀어내어 신화의 힘은 잃었어도 여전히 달은 밝고, 별은 빛난다. 시름에 잠겨 잠 못 이루다가 마당에 나와 밤하늘을 올려다보면 어둠 속에 높이 떠 눈을 맞춰주는 달빛에 위안을 받곤 한다.

푸른 하늘 은하수 하얀 쪽배에
계수나무 한 나무 토끼 한 마리

우주선을 타고 가는 달나라 여행도 멀지 않았다지만 '쟁반같이 둥근 달'에는 옥토끼가 방아를 찧고, 쪽배가 은

하수를 떠다닐 거라는 상상은 좀처럼 사라지지 않는다. 달을 볼 때마다 뻔히 알면서도 토끼 그림자를 찾고 계수나무를 찾는다. 그러다가도 마음 한편 왠지 쓸쓸한 질문이 떠오른다.

'우리는 지구에 살아남을 수 있을까?'

우리에게 블랙홀 존재를 알려주고 떠난 천문학자 스티븐 호킹 박사에게 묻는 소위 '빅 퀘스천, 거대한 질문'이다. 호킹 박사의 답은 소행성 충돌처럼 답이라고 믿고 싶지 않을 만큼 충격적이다.

'우주로 널리 퍼져나가는 것만이 우리 스스로 구할 유일한 길이다. 나는 인간이 지구를 떠나야 한다고 확신한다.'

호킹 박사는 그 근거로 '약 6,600만 년 전에 공룡을 멸종시켰던 소행성 충돌보다 우리 행성이 미래에 당면한 큰 위협은 통제에서 벗어난 기후변화'를 든다. 이 상태로 간다면 지구 기후가 섭씨 250도의 금성처럼 된다는 것이다.

수도꼭지만 틀면 더운물이 쏟아지고, 스위치만 누르면 방구들이 데워지고, 버튼만 누르면 고슬고슬한 밥이 나오는 편리한 세상이다. 그뿐인가. 몸을 움직이지 않아도 목소리만으로 불을 끄고 켜고, 말소리만 듣고도 기분 상태에 맞는 음악을 들려주는 인공지능 기기들이 쏟아지고 있다. 그러는 동안 지구는 물 부족으로 사막화가 되어가고, 갖가지 편리한 물품을 만들어내는 동안 미세먼지도 함께 만들어져 푸른 숲과 푸른 하늘은 사라져가고 있다. 우화처럼 기쁨과 슬픔이 한 몸으로 오듯이 편리함만을 쫓아온 과보는 엄청난 재앙도 같이 가져왔다.

사스, 메르스의 공포가 아직도 생생한데, 대처할 수 없는 신종 '코로나19 바이러스' 전염병 발발로 어느 때보다 불안한 나날을 보내고 있다. '세계는 하나의 지구촌'이라는 아름다운 말이 전염병이 돌자 '세계는 하나의 바이러스 촌'이 되고 말았다. 하지만 세상이 캄캄해도 밤하늘에 달은 변함없이 떠오른다.

> 까마귀 구름 타고 떠나고
> 옥토끼는 광한궁에 이르렀는가
> '붉은 계수꽃' 차마 못잊어
> 세월 가도 늙지 않을

불로약을 찧느라 이리 더디 오는가.

꽃과 향이 좋아 우리 선조들이 아꼈으며 시문학에 자주 등장하는 계수나무는 목서(木犀)라고 한다. 『역사와 문화로 읽는 나무 사전』에서 강판권 교수는 목서는 많은 이름을 갖고 있다고 소개한다. '구리향'은 꽃내음이 진해서 9리까지 간다는 뜻, '엄계'는 향기를 품고 있으면서 잎이 코뿔소처럼 무섭다는 뜻이다. 『본초강목』에서는 '천축계'라고 하는데 이는 인도와 관련이 깊다는 뜻이라고 한다. 인도 스님들은 목서를 월계라고 부르는데, 월계와 목서는 다른 나무라는 사실도 배운다.

목서와 계수나무의 차이는 '식물 사전'에 돌려주자.

'목서'든 '계수나무'든 '월계'든 '천축계'든 우리는 어렸을 때부터 불러온 노래 〈반달〉 속의 계수나무가 있고, 할머니가 품에 안고 들려주었던 토끼가 방아 찧는 항아의 계수나무가 있을 뿐이다.

우주에서 11개월을 보내고 지구로 돌아온 여성 우주비행사 크리스티나 코흐는 '우주에서 본 지구는 어떤 경계도 보이지 않는다. 우리는 모두 숨을 쉬고 적응하는 하나의 거대한 유기체 일부분이다.'(CBS노컷뉴스, 2020. 02. 08. 자)라고 했다는 기사를 읽었다. 우주비행사들은 우주선 안에서 식물들이 미세중력의 영향을 받는지 연구하기 위해 여러 가지 식물들을 키워왔다고 한다. 실제로 흙도 없이 전선 줄 끝에서 겨자와 상추의 연둣빛 이파리가 싱싱하게 자란 사진도 있었다. 그 사진을 보자 문득, 엉뚱한 시적 판타지가 그려졌다.

달에 살던 우리의 먼먼 조상들은 기어코 외쳤다.

"우주로 널리 퍼져나가야 살길입니다."
"하얀 쪽배 우주선을 타고 달을 떠나야 합니다."

달의 숲을 떠나며 우리가 마지막으로 본 나무가 계수나무가 아닐까?
식물이 마지막 본 빛깔을 기억하듯이.

멈춤, 새 생명의 시작

그 앞에서 멈춤, 새 생명의 시작이다

흰 꽃 무리가 푸른 하늘과 짝을 이룬다. 여름으로 들어서는 절기인 입하에 펴서 '이팝꽃'이다. 하늘이 하늘빛으로 돌아온 까닭일까. 뭉게구름처럼 피어있는 꽃숭어리를 타고 신선들이 훨훨 날아다닐 것 같다.

예전에는 이팝꽃이나 조팝꽃같이 자잘한 흰 꽃을 보면 밥, 그것도 밥이 밥그릇 위로 봉긋하게 솟도록 꾹꾹 눌러 담은 '고봉밥'을 떠올렸다. 그런데 올해는 밥보다 흰 구름이다. 마음대로 밖으로 나다닐 수 없었던 '사회적 거리두기' 생활의 후유증일지 모른다. 일시 정지 버튼을 누른 듯 코로나 동굴 속에 갇혀 있다 나오니 계절이 바뀌고 있었다. 신록의 꽃을 바라보는 마음이 애틋하다.

> 꽃 보는 이 없어도
> 꽃은 피고
> 꽃은 또 저 혼자 진다.

봄날이 가면서 찬란한 슬픔을 기다리는 꽃도 있고, 낙화가 되어 분분히 날리는 꽃도 있다. 초여름에 들어서면 이생 한 번 안 받았다 치고, 죽은 소철 분을 터 삼아 핀 바위취꽃이 욕쟁이할매집 고봉밥이라고 바라보는 꽃도 있다. 꽃은 저 혼자 피지만 저마다 바라보는 사연은 각각일 수밖에 없다. 전 세계가 혹독하게 치르고 있는 '코로나19 바이러스' 습격에 '마스크의 봄'은 불안하고 두려웠고, '집콕의 봄'은 지루하고 갑갑했다. 하지만 아랑곳없이 꽃이 거기 피어있었기에 우리 마음도 꽃처럼 피어날 수 있다는 희망을 갖는다.

'코로나19 바이러스'의 전염은 남녀노소 누구든, 어떤 삶을 살아왔고, 어떤 상황에 처해 있는지 전혀 상관하지 않는다. 이것이 두려움이다. 멀쩡한 사람도 갑자기 확진자가 될 수 있고, 침 한 방울에 생명이 위독할 수 있고, 게다가 언제 어디서 전염될지 알지 못해 대비조차 할 수 없는 속수무책이라는 점이다.

그러나 멈춘 자리에서 찬찬히 돌아보면 동굴을 비추는 한 줄기 빛을 만난다.

전 세계가 혼란스럽고 개인적인 일상이 극히 제약되는 암담함 속에서도 그나마 집안에서 먹고, 씻고, 잘 수 있다는 것만으로도 위로가 되었다. 수돗물이 나오고, 전기가 들어오고, 택배를 받을 수 있고, 슈퍼에 가서 휴지를 살 수 있도록 보이지 않는 곳곳에서 움직이는 손길 있기 때문이었다. 감사했다. 당연하게 주어지는 것 같았던 일상의 편의는 누군가가 온종일 귀가 아프도록 마스크를 쓰고, 하루에 열두 번도 더 손을 씻으며, 기본 일상이 무너지지 않도록 지켜준 덕분이다.

국가 시스템이 돌아가도록 누군가 움직여주기에 '집콕'에서나마 우리 일상이 돌아가는 것처럼 우리 삶에 속수무책인 것들을 푸는 방법은 지금 할 수 있는 일을 '포기'하지 않는 것이다. 포기는 어두워져 움직임이 없지만, 멈춤은 눈 귀가 살아나 생기가 움직이는 것이라고 했다.

폴란드 가수 리야 소콜(Riya Sokol)은 브레이크가 없이 달려온 우리에게 멈춤을 가져다준 '코로나19 바이러스'에게 고맙다고 전하는 아름다운 영상을 만들어 나누었다. 지금 우리가 할 일은 '포기'하지 말고 '멈추자'라는 메시지다.

'코로나19 바이러스'로 일상이 멈추자 우리는 비로소 인류가 하나라는 사실을 깨닫게 되었고, 우리는 무엇을 위해 먹고, 입고, 자고 움직였는지, 무엇을 쫓아 그렇게 바쁘게 살아왔는지, 가족과 식사를 함께 하는 가장 기본적인 일을 우리는 얼마나 놓치고 살아왔는지를 알게 해준 것은 아이러니하게도 '코로나19 바이러스'로 인한 멈춤인 것이다. 멈춤이 문제의 해결 시작점이 될 수 있는 지혜를 얻게 된 것이다.

우리가 그렇게 멈춰 있는 동안, 지구에는 '지구의 주인'이 돌아왔다. '코로나 역설'이라고 할 만큼 하늘은 푸르게 밝고, 물은 투명하게 맑아져서, 물고기는 반짝이는 비늘과 지느러미를 마음껏 흔들고, 꽃은 어느 때보다 희고, 붉고, 노랗게 피었고, 지구는 일찍이 보지 못한 푸른 지구의 빛깔을 드넓게 펼쳐 보인다.

지구촌 어느 곳에서는 '개들이 바다사자들에게 다가가 장난을 치고, 공원을 폐쇄하니 퓨마까지 이구아수 폭포의 관광 코스를 활보하고 있다.'라는 소식도 들렸다. 황사, 미세먼지 없는 싱그러운 봄날을 되찾은 기쁨, 마음 놓고 창문을 열고, 마음 놓고 숨을 쉴 수 있다는 게 얼마나 행복한지 깨닫게 해주었다.

우리가 일상을 잃어버렸다고 징징거리던 그 멈춤, 학교는 휴교령이 내려지고, 공장의 굴뚝 연기가 사라지고, 비행기는 뜨지 못하고, 사람들이 없는 바닷가가 텅 비어있는 동안, 지구는 저절로 모든 생명체에게 자연의 행복을 가져다주었다.

코로나 사태는 달리는 차에 '강제 멈춤' 브레이크를 달아주었다. 그로 인해 우리가 목마르게 원하던 것, 우리들의 깊은 갈망을 채워주는 것이 무엇인지 되물어보는 시간을 갖게 되었다. 지구별은 우주에서 어떻게 존재하는지, 우리가 무엇을 하며 어디쯤 와 있는지, 코로나 사태 이후 우리는 '어떻게 살 것인가?' 질문을 갖게 되었다.

저세상의 기후는 온화하고 화창하며, 사계절이 순조로워 백여덟 가지의 질병이 없다. 탐욕과 성냄, 어리석음도 마음 깊이 있을 뿐, 눈에 띄게 드러나지 않고, 사람들의 마음도 어긋남이 없이 평화롭다.

-『미륵하생경』

미래불이신 미륵불의 용화세계가 우리의 미래가 되려면 우리는 지금 어떤 선택을 해야 할까. '코로나 멈춤'으로 이미 우리 삶의 경로가 바뀌고 있고, 삶의 형태는 코로나 사태 이전과 이후로 나뉠 거라고 미래학자들은 말한다. 우리 삶이 어떻게 달라져야 지구가 살아나고 지구별에서 함께 사는 많은 생명체가 공존하며 살아갈 수 있을까.

우리는 이제 질문을 갖게 되었고, 그에 대한 해답을 선택해야 하는 시점이다. 마음속 발원을 우주에 전해본다.

그 앞에서
멈춤,
새 생명의 시작이다.

열매, 배움을 펼쳐 보이다

모든 괴로움은
지금, 이 순간이 마음에 안 든다고
부정할 때뿐이다

산이고 들이고 녹음 일색, 한여름의 끝이다. 나뭇가지들이 하늘을 가리는 우거진 숲은 그야말로 녹색 승리의 함성으로 가득하다. 숲뿐만이 아니다. 막바지 무더위 속에서 꽃들의 합창도 우렁차다.

올해는 비도 때맞춰 넉넉하고 햇빛도 쨍쨍해서 나무는 나무대로 꽃은 꽃대로 얼굴들이 환하게 피었다. 꽃피는 풍경을 눈앞 가까이에 본다는 것은 매번 가슴 떨리고, 몸에 오소소 소름이 돋는 신비함에 취하는 일이다. 꽃을 볼 때마다 신기하게 느껴지는 건 꽃씨다. 어떻게 불면 날아가는 그 먼지 같은 씨앗에서 알록달록 기기묘묘 형형색색의 꽃대들이 올라오는 것일까.

    꽃, 폈다! 외마디 소리가 절로 나온다. 빗속에서 오렌지 불빛으로 피어나는 망우초, 보름달 같은 부용화, 색동옷의 백일홍, 엄마 브로치 같은 범부채, 울 밑의 봉선화, 새색시 채송화, 복주머니 풍선초, 붉은 별 유홍초, 담벼락을 밝히는 금잔화, 코스모스, 장다리꽃, 벌개미취꽃, 비비추 멀리서 보랏빛 풍등을 날리는 도라지꽃, 지붕 위로 번쩍 올라가 꽃나팔을 불어대는 능소화 등등 손바닥만 한 마당에서 저마다의 이름을 달고, 저마다의 빛깔로, 저마다의 향기로 생의 절정 노래를 부르고 있다. 어디 그뿐인가. 강아지풀, 고들빼기, 여뀌, 토끼풀, 쇠비름, 명아주 풀, 땅 빈대 등등 흔히 말하는 잡초들의 뜀박질 또한 꽃피는 일만큼 신비롭다. 해바라기도 옥수수밭에서는 잡초가 되는 것처럼 꽃밭에서는 이름 없는 잡초지만 저마다의 이름이 있고, 한철 사는 일에 게으름을 피우지 않는다. 더욱이 사람의 관점에서 잡초로 취급되어 뿌리째 뽑혀 나가기도 하지만 그들은 대부분 몸에 좋은 약이 되는 귀한 '약초'가 되기도 한다. 이 세상에 그냥 생기는 것은 아무것도 없다는 말이 실감 난다.

풀을 뽑아내다 보면 가끔 어디선가 향긋한 향기가 퍼진다. 방아풀 이파리를 건드린 것이다. 향기는 식물이 자신을 보호하기 위해 뿜어내는 것이라는 과학적인 설명을 뒤로하고, 방아잎은 어떤 마음으로 살았기에 바람에 흔들릴 때마다, 이파리를 건드릴 때마다 마음을 쉬게 하는 신비로운 향기를 뿜어낼까 싶다.

아무도 돌아보지 않은
흐드러진 망초밭
햇살, 빛살, 별빛,
하얗게 흐르는 은하수꽃
그대의 별,
오늘 이리 가까이 보네.

마음이 심란할 때는 '주위에서 가장 좋아하는 것을 바라보라'라는 말이 있다. 무더위를 씻고자 꽃 그림자를 바라보는 한가함도 있지만, 한편에서는 시름이 깊어지는 소리도 들린다. 물과 볕과 흙을 의지한 초목의 생명력은 그 조건이

맞으면 꽃도 열매도 더 없는 풍요를 안겨 준다. 이런 자연스러운 현상이 안타깝게도 농작물의 '과잉생산'으로 농가에 피해를 주는 일로 이어진다는 소식에 꽃구경도 씁쓸하다.

집 근처의 복숭아 과수원 아저씨가 갓 딴 복숭아를 한 소쿠리 들고 왔다. 해마다 복숭아 수확 철이면 벌레 먹거나 새들이 쪼아서 상처가 있는 파치를 나눠준다. 그런데 올해는 너무 멀쩡하고(?) 탐스럽게 익은 복숭아를 가득 가져왔다. 마른장마로 볕을 많이 받고, 태풍도 비껴가고, 소나기도 적당하여 과일이 풍작이라는 것이다. 이웃과 나눠 먹기 좋다며 건네주고 갔지만 한 알의 복숭아를 얻기 위해 복숭아밭을 수없이 오르내리며 거름 주고 소독하고 가지 쳐주고 종이 씌우고 손 가는 일이 보통 많은 게 아니었다. 그 공력을 생각하니 꽃은 '이쁘다' 하고 마음이 설레지만, 과일은 이쁜 것보다 '애썼다'가 먼저 전해진다.

농작물은 농부의 발걸음 소리 듣고 자란다고 하듯이 농부의 땀으로 큰다. 과일은 농부의 땀도 있지만, 꽃 피우고 난 뒤 혼자 견딘 시간이 있기에 어느 과일이든 꿋꿋하게 살아남은 전사처럼 당당하다. 비바람, 태풍, 벌레들의 모진 공격에도 씨앗에서 흙을 뚫고 나온 떡잎의 힘을 믿고, 가느다란 가지 끝에 매달려 탱글탱글 자라기까지, 달콤한 수액 안에 단단한 씨까지 품으며 살아낸 시간이 애씀으로 전해진다.

"무엇이 윤회입니까?" 대왕이 묻자, 부처님께서 말씀하셨다.
"어떤 사람이 잘 익은 망고를 먹고 그 씨앗을 땅에 심으면 그 씨로부터 망고나무가 성장하여 열매를 맺을 것이고, 다시 그 나무에 열린 망고를 따 먹고 씨를 땅에 심으면 다시 나무는 성장하여 열매를 맺게 되는 것처럼, 망고나무의 이어짐은 계속하여 끝이 없는 것이다."

-「미린다왕문경」

경전에서 부처님이 설법하시며 머무는 곳에도 망고나무가 많이 등장하는 걸 보면 인도에서도 우리의 고향 집 뒷마당에 있는 '복숭아꽃, 살구꽃'처럼 사람들과 친근한 과실수였지 않나 싶다.
망고가 불교 교리를 설명할 때 빈번히 인용되는 학림

수(學林樹)라는 설명에 눈이 반짝한다. 부처님께서 중생들을 교화하려는 방편으로 신통을 보이셨을 때도 망고가 등장한다. '사위성 신변(神變)'에서 망고가 천불화현(千佛化現) 하는 기적을 보이신 일이다. 눈에 보이는 것으로 믿음을 열었던 사람들을 위해 부처님은 기꺼이 망고 하나를 드신 다음 그 씨를 땅에 심었다. 씨는 순식간에 자라 망고 열매를 주렁주렁 매단 커다란 고목이 되었다. 더욱이 그 망고 열매는 또 천 불의 모습으로 화현했다고 한다. 그때, 사람들의 눈과 귀도 열려 부처님 가르침을 따르게 되었다고 한다.

어물쩍하다가 봄도 가고, 여름도 속절없이 가는구나 싶다. 하지만 길을 찾았을 때보다 길을 잃어버렸을 때 눈이 더 밝아지는 법이다. 세상이 속절없이 흘러간다는 두려움이 가슴에 얹히자, 낙엽 아래서 힘겹게 고개를 내미는 풀포기가 눈에 들어온다.

선원 공책을 펼쳐 드니 모든 괴로움의 원인은 단지 하나뿐이라고 하신 스님 말씀에 눈이 크게 떠진다.

모든 괴로움은

지금, 이 순간이 마음에 안 든다고

부정할 때뿐이다.

무엇을 하든

지금이 드러나면

순수한 내 모습이다.

더는 의심하지 마라.

옴 따레 뚜따레 뚜레 소하

해와 꽃은
변함없이 뜨고 피건만

지리산 자락에 사는 지인이 짤막한 메모와 함께 꽃소식을 보내왔다.

'해와 꽃은 변함없이 뜨고 피건만…'

봄은 또 오고 꽃은 피건만 도무지 잡힐 기미가 보이지 않는 '코로나19 바이러스'로 웅크린 가슴이 답답하다는 뜻이리라.

눈에 보이지 않아 손으로 잡을 수도, 그물을 쳐 떠돌아다니지 못하게 할 수도 없는 바이러스로 인해 온 세계가 불안과 두려움에 휩싸여 지구촌이 말 그대로 '얼음 땡!' 지경에 이르렀다. 확진자와 사망자 숫자가 늘어날 때마다 가슴이 덜컹하더니 몇 달째 이어지는 반복적인 숫자 증가와 반복적인 뉴스에 익숙해지기까지 한다. 고통에 대한 감각이 둔감해지는 게 더 겁난다. 그래도 겨우내 베란다에서 숨죽여 있던 군자란이 빅뱅처럼 오렌지빛 꽃대궁을 터트리자 그제야 마음도 꽃불을 켜고 반긴다.

뉘신가, 기별도 없이
인적 끊긴 저 강가에
봄바람 실어와
버들잎 푸른 잠을 깨우고
물길 따라 흘러 저 강가에 다다른 이.

'자가격리'라는 낯선 용어도 이제 일상어가 되고, 마스크와 소독제가 필수품이 되었다. 될 수 있는 대로 외출을 삼가라는 지자체에서 보내는 문자가 수시로 들어온다. 외출, 모임, 여행, 만남 같은 평범한 일상을 잃어버린 마음은 날마다 비가 내리는 우기처럼 우울함에 젖는다.

알베르 카뮈는 소설 『페스트』에서 전염병이 두려운 것

은 병에 걸리기도 전에 영혼이 없어지는 것이라고 했다. 전염병은 '어찌 될지 모른다.'라는 심리적 압박을 가하며 '익숙한 것들이 사라지는 걸 어찌해볼 도리가 없다.'라는 불안감에 휩싸이게 한다. 밤낮없이 움직이던 자동차들이 사라진 텅 빈 도로. 셔터를 내린 상점들. 시신을 실어 나르는 군용 트럭이 줄지어 지나가는 베르가모의 새벽 거리. 온몸을 방호복으로 감싸고 고글 안경을 낀 채 병실을 오가는 의료진. 쇼핑몰과 체육관이 거대한 병실이 되어 철제 침상이 끝없이 놓인 낯설고도 공포스러운 장면이 텔레비전 화면을 가득 메운다. 전 세계인 누구도 이런 광경에 마음이 무겁지 않은 사람이 없을 것이다. 흡사 영화의 한 장면처럼 인적이 끊긴 8차선 도로에 원숭이 떼들이 패싸움을 벌이고, 퓨마나 여우 같은 야생동물이 도심을 활보하는 일들이 실제 눈앞에서 벌어지고 있다. 눈으로 보고서도 그 사실을 믿고 싶지 않은 거부감에 그야말로 영혼이 탈탈 털리는 느낌이다.

옴 따레 뚜따레 뚜레 소하
옴 따레 뚜따레 뚜레 소하

옴 따레 뚜따레 뚜레 소하

　달라이 라마 존자께서 이번 '코로나19 바이러스'로 인한 세계적인 재난 앞에서 타라 보살의 진언 '옴 따레 뚜따레 뚜레 소하'를 염불하며 모두 기도해 달라고 당부하셨다고 한다. 진언 염불은 후회와 걱정으로 가는 습관력을 평온과 안심의 긍정적인 에너지로 바꿔주어 마음의 중심을 잡아준다.
　'타라(Tara)'는 '강을 건너다.'라는 뜻으로 '해탈의 어머니'를 의미한다고 한다. 타라 보살은 환난에 빠져 두려울 때, '옴 따레 뚜따레 뚜레 소하'라고 타라 보살을 부르면, 공포와 위험에서 벗어나게 해주며, 질병에서 회복하게 해주리라, 원력을 세운 보살이다. 중생의 고통에 관세음보살의 두 눈에서 눈물이 흘러내렸는데 그 눈물에서 핀 하얗고 파란 꽃이 변해서 좌측 눈물에서는 녹색 타라 보살이 우측 눈물은 백색 타라 보살이 태어났다는 설화가 있다. 백색 타라 보살은 질병과 재난을 막아주고 장수를 기원하는 이의 서원을 들어준다고 한다.

전염병은 예나 지금이나 돌발적으로 늘 있었는데, 역병이 돌 때 부처님은 어떻게 하셨을까?

> 부처님 배에서 내리니
> 먹구름이 몰려와 폭우가 쏟아지네.
> 사방에 물이 흘러 넘쳐
> 여기저기 널려있는 시체들을 갠지스강으로 쓸고 가네.
> 마을이 청결해지자
> 부처님 말씀하시네.
> 아난다여, 『보배경』을 받아들고 이 나라의 왕자와 함께
> 이 빠릿따(保護呪)를 암송하라.

『보배경』은 인도 '웨살리(Vaisali)'에 역병이 퍼졌을 때 부처님이 독송하도록 권했던 경전이다. 부처님께서 보여주신 역병을 이겨내는 지혜는 특별한 신통을 쓰는 게 아니고, '지금'이 살아나는 지혜를 일러주신다. 먼저 주변을 청소하여 청결한 환경을 만들고, 진언 염불로서 불안과 두려움에 떠는 마음을 안정시키는 것이다. 마음이 안정을 이루면 여

유가 생겨, 지금 무엇을 할 수 있는지 보이고 들리기에 자신이 가지고 있는 능력으로 지혜롭게 행동할 수 있다고 말씀하신다.

하늘은 근래 어느 때보다 푸르다. 위성사진은 코로나가 발발하기 전과 후의 베이징 지도를 비교해 놓고 있다. 실제로 매년 이맘때면 불어닥치던 황사, 미세먼지도 뜸하다. 공장과 차들이 멈춘 결과라고 한다. 사람들이 멈춘 결과 지구촌의 생명력이 살아나고 있다니! 우리가 도무지 무엇을, 어떻게 살아왔기에 우리가 움직임을 멈추자 지구가 살아나는 이변이 생긴단 말인가.

집에서 최소한의 생활로 살아보니, 미친 듯한 속도로 폭주하고 있던 일상을 다시 돌아보는 계기가 되었다. 천천히 숨 쉬고, 천천히 움직일 때 제일 먼저 안정감이 느껴진다. 할머니의 옛날이야기 대신 온종일 이어폰으로 듣는 **빠른 리듬의 소리**, 나무 그늘에서 더위를 식히는 대신 땀 한 방울도 흘리지 않게 하는 성능 좋은 에어컨에 의지한 결과, 시간의 노예가 되어 기계처럼 움직이고, 밤에도 낮처럼 밝은 불빛을 따라 움직이는 동안, 자연스러운 리듬은 깨지고 늘 무엇엔가 쫓기듯 살아온 게 살펴진다.

아주 오래된 공책에서 포스트잇에 써 놓은 메모를 발견했다. '오스카 와일드, 우리는 모두 시궁창에 누워있다. 그러나 그중 몇몇은 밤하늘 별을 보고 있다.' 메모지는 누렇게 바래고 연필로 쓴 글씨는 희미해졌지만, 이 글귀를 만났을 때, 섬광과 같은 빛을 보았던 기억만큼은 또렷하게 떠오른다. 모두가 '코로나19 바이러스' 위협으로 두려움에 짓눌려 있어도 누군가는 밤하늘 별을 보듯이, 고통받는 환자들에게 응원과 용기를 전할 수 있는 마음의 여유를 가질 수 있을 것이다. 무거운 방호복 속에서 땀 흘리며 애를 쓰고 있는 의료진, 자원봉사자들, 사탕과 마스크 몇 장을 파출소 문고리에 걸어놓고 부끄러운 듯 허겁지겁 사라진 장애인, 병실 유리창에 가득 붙어있는 격려와 감사의 노란 포스트잇 편지, 자가격리 독거 노인에게 음식물을 배달하는 청년들, 마스크 공장에서 일손을 돕고자 나서는 손길들이 반짝이는 별이 되어 어둠을 밝히고 있다.

우리 삶이 아름다운 건 고통에서 자비를 북돋우고 예기

치 못한 사랑을 가져오는 '같이 하고자 하는 마음'을 내는 움직임이 있기 때문일 것이다.

> 여기 모인 모든 존재들은
> 땅에 있든 하늘에 있든
> 행복하고 설법에 귀 기울이기를.
> 밤낮으로 헌공하는 그들을 방일하지 말고 수호하기를.
>
> —『보배경』

옴 따레 뚜따레 뚜레 소하

지계의 뿌리, 지혜의 꽃

고행에서 지계가 보인다
지계의 힘으로 지혜 길이 보인다

절 아래 산길을 내려가면 개천가 옆으로 산책길과 자전거길이 새로 생겨 사람들이 삼삼오오 걷고 뛰고 달리는 모습을 볼 수 있다. 절을 오가는 통행 길이라 절에서는 매년 봄이 되면 산책로 주변에 꽃씨를 뿌리고, 작은 돌을 모아 돌담을 가지런히 쌓아 꽃밭을 일구는 울력을 한다. 가을에는 낙엽을 긁고, 겨울에는 절에서부터 개천가 다리까지 1킬로미터 넘는 산길의 눈을 쓴다.

흰 나비의 첫 비행
노란 꽃 위에

맨발로 화알짝 날개를 내린다.

 꽃모종이 들어가기 전에 꽃밭의 터를 일군다. 돌을 골라내고, 포근포근한 산 흙을 요람처럼 깔아준다. 꽃 얼굴의 방향을 잡고 나란히 열 맞춰 수를 놓듯 꽃모종을 심는다. 큰 돌은 밑에 깔고 그 위에 작고 납작하고 뾰족하고 둥글고 생김이 제각각인 돌을 차분차분 쌓아 낮은 돌담을 돌려준다. 여럿의 손이 마치 한 사람의 손이 움직인 듯 일체감이 느껴진다. 잠시 호미를 내려놓고 절에서 가져온 찬물 한 모금을 마시면 꿀맛이 따로 없다. 허리를 편 김에 원주보살님에게 꽃을 심는 의미를 듣는다. 꽃모종을 심는 울력장은 '야단법석'인 듯 설법장이 된다.

 "꽃은 걸음을 멈추게 하고 눈이 열리게 하는 힘이 있어요. 꽃길을 걷다 보면 거친 생각, 험악한 생각이 나지 않습니다. 꽃 보고 욕하는 사람 없듯이 꽃을 보면 꽃같이 아름다운 마음을 내게 됩니다."
 "여러 사람이 오가는 곳이라 심어놓은 꽃이 없어지면

어쩌나 하는 생각도 들어요."

"뚫어진 독에 손댈 생각하지 마세요. 마음의 바다에 앉혀 놓으면 독 안에는 늘 물이 가득 찹니다."

호미질 한 번, 돌멩이 한 개 올리면서 마음으로 염원한다. 이 꽃 한 송이의 힘으로 산책하는 사람들 모두 꽃 앞에서 잠시 멈추기를, 시비가 쉬고 분별심이 쉬기를, 걱정과 후회에 싸여 어두워진 자신의 모습을 환한 꽃 거울에 비춰보기를.

꽃을 심는 나도 처음 보는 꽃 빛깔과 꽃향기를 만난다. 이름도 알 수 없는 새소리에 귀가 열린다. 그 순간, 흐르고 있는지도 모르던 생각의 물살이 잠시 멈춘다. 잠깐 멈춤. 이 멈춤에서 눈과 귀가 살아나고 '지금'에 함께 하는 여유를 갖는다.

꽃도 꽃이지만 봄에는 무엇이든 먹어도 좋다 할 만큼 풀은 풀대로 나무는 나무대로 먹거리를 내어준다. '겨울잠에서 갓 깬 곰이 / 어질어질 허기져 뜯어먹고 / 첫 기운 차린다'라는 윤후명 작가의 시 〈곰취의 사랑〉은 봄철이면 늘 떠올리는 애송시이다.

찰랑찰랑한 논물에 하늘이 어려 비치는 논둑길을 따라 냉이와 쑥을 캐던 아가씨들의 모습은 이제 옛말이 되었다. 그러나 '나물 캐는 처녀, 언덕 위로 다니며' 동요 노랫말처럼 나물 캐던 처녀 시절을 보낸 아줌마들은 산책로든 관광지든 쑥이나 취 같은 산나물 있는 곳을 그냥 지나치지 못한다. 나물죽으로 끼니를 때우며 보릿고개 시절을 지나온 세대들에게 봄나물은 지금도 춘곤을 달래주는 귀한 음식이다.

> 두메산골 꽃바다 물물이 산나물
> 다래순, 망초순, 고사리, 곤드레, 명이, 비름, 파드득, 홑잎,
> 물길 산길 천지신명 다 끌어안은
> 묵나물 광주리 머리에 이고
> 엄마, 장에 가신다.

울력을 마치고 절에 올라오자 향긋한 쑥 향기가 먼저 달려 나온다. 호미와 장갑을 내려놓고 모두가 공양전으로

몰려간다. 쑥 향의 진원을 확인하기 위해서다.

"쑥떡? 쑥 냄새죠?"

"애들 써서 쑥털털이 쪄."

"우와!"

누가 먼저랄 것도 없이 일제히 함성으로 응답한다. 점심 공양상도 어느 때보다 싱그럽다. 곰취와 월동한 깻잎, 두릅, 엄나무 순, 홑잎, 다래 순, 참나물, 망초, 돌미나리 나물에, 냉이 된장국이 나왔다. 이만하면 일류 한정식 못지않은 밥상 호사를 누린다. 평소 안 하던 호미질에 무거운 돌을 들었다 놨다 힘을 쓴 뒤라 쓴 나물도 다디달다. 싹이 움트자마자 한순간에 먹거리로 우리 입에 들어와 맛의 향연을 펼쳐주는 봄나물들은 봄의 정기를 입맛으로 나눠준다. 식물의 공양을 받으면 서원도 깊어진다.

'당신의 그 애씀을 배워서 질서가 선명해지고, 마음의 중심이 단단해지고, 하심이 깊어져 두루 원만하기를.'

꽃 심는 울력장에서 원주보살님이 해주신 말씀을 가슴

에 다시 담는다.

이 음식이 어디서 왔는가.
응당 받을 만한지 나를 돌아보네
마음의 온갖 욕심을 버리고
건강을 유지하는 약으로 알아
도업을 이루고자 이 음식을 받습니다.

— 〈공양게(供養偈)〉

공양상을 거두자 기름 발라 반질반질한 쑥개떡과 하얀 이팝꽃 같은 쑥털털이가 한 접시 나왔다. 몇 해 전에 95세로 고향으로 돌아가신 절 할머니가 봄이면 한 번도 거르지 않고 해주신 봄맞이 떡이다. 절 할머니는 92세까지 절의 공양전을 지키셨다. 쑥개떡을 보니 언젠가 절 할머니가 나물 하러 가신다기에 소쿠리를 끼고 따라나선 때가 떠오른다. 할머니는 절 뒷산에는 화살나무 순인 홑잎과 취나물이 많고, 해우소 아래에서는 땅두릅과 엄나무 순, 다래 순을 딴다고 일러주셨다. 나물 바구니가 제법 수북해질 무렵, 할머니는 개복숭아 나무 밑으로 가더니 비밀장소가 있다고 하셨다. 호미로 풀을 캐시더니 몽땅 건네주셨다. 내 눈에는 그저 흔한 풀포기인데 왜 일부러 캐서 주시나 했다. 산부추와 달래였다. 절에서는 먹지 않는다고 집에 가져가라고 하셨다. 산부추는 무치고, 달래는 달래장을 해서 '뜨신 밥'에 비벼 먹었다. 입안이 향긋함으로 가득했다. 봄 산이 통째 몸에 들어온 기분은 그야말로 더는 바랄 게 없는 만족감, 충만감을 맛보게 해주었다.

수행자에게는 먹고, 입고, 자는 일상의 질서가 무엇보다 강조된다. 달라이 라마 스님을 가까이 모신 청전 스님께서도 보시, 지계, 인욕 수행의 힘이 있어야 선정과 지혜로 나아갈 수 있다고 말씀하신다. 스님께서 청중들에게 물으셨다.

"달라이 라마 존자님의 침대 머리맡에 불상을 모시고 있는데 어떤 불상일 것 같은가요?"

나는 사진으로 본 청녹색의 눈이 부리부리하고 마구니를 물리치는 듯한 티베트 불상을 떠올렸다. 달라이 라마 스님이 침대 머리맡에 모신 불상은 뜻밖에도 피골이 상접한 부처님의 고행상이라고 했다. 머리를 한 대 맞은 것 같은 전율이 일었다. 왜 고행상일까 하는 의문은 스님께서 곧 풀어주셨다. 달라이 라마 스님이 침대 머리맡에 부처님 고행상을 모시는 까닭은 수행자로서 계행, 고행을 한시도 잊지 않기 위함이라고 한다.

"부처님, 하면 우리가 흔히 황금 불상을 생각하는데 그러나 부처님 제자로서 출가 수행자는 부처가 되기 이전의 난행 고행을 하시는 부처님을 잊는다면 우리는 결코 부처가 될 수 없다."

달라이 라마 스님이 하신 말씀을 듣고 청전 스님 역시 크게 깨우친 바가 있다고 하셨다. 그 말씀을 우리 대중에게 전해주시는 뜻은 철저한 계행의 실천으로, 그 뿌리의 힘으로, 지혜의 꽃을 피울 수 있다는 수행자 마음가짐을 일깨워 주기 위함이리라.

뿌리가 독인 나무는 아무리 꽃이 화려해도 독이 되고,
뿌리가 약인 나무는 아무리 소소한 꽃이라도 약이 된다.

선원에서도 수백 번 강조해도 모자라지 않다고 주신 말씀이 바로, 수행자의 삶은 '쓰고', '놓고'가 분명해야 한다는 것이다. 수행자 의식주의 모든 선택은 단순하고 극명하다. 수행에 보탬이 되면 쓰고, 보탬이 되지 않는다면 놓는다. 선원 공책에 반복해서 적어놓은 말씀을 다시 읽어본다.

고행에서 지계로 간다.
지계의 힘으로 지혜 길이 보인다.
참회와 감사가 깊어진 지혜의 힘으로
지금이 보인다.
지금이 그대로 드러나는 지혜가
원만의 꽃이다.

파초 시를 갖고 싶다고?

파초 시를 갖고 싶다고?
호랑나비를 잡아 오렴

여름 끝을 물고 있는 말복을 앞두고 입추가 지나간다. 아직은 초록 군단이 완전무장을 풀지 않은 채 하늘을 가리고 땅을 덮고 있다. 하지만 절기 앞에서 싸움은 스스로 끝난다. 우주 어딘가에서 몰려오는 가을바람이 곧 무장해제를 시킬 것이다.

가을 문턱은 늘 반갑다. 한여름의 무더위와 짧은 밤의 노곤함에서 벗어나 가을 결실의 풍요를 만날 수 있다는 기대감일지 모른다. 다분히 농경문화에서 오는 발상이지만 우리 몸은 들판의 이삭 물결, 과수원의 붉은 사과를 대하면 저절로 안심되어 푸근함이 밀려오는 걸 어쩌겠는가.

가을이 오기 전 물러나는 초록 군단에게 고마움을 전한다. 코로나 사태로 봄도 여름도 잃어버린 채 마스크를 벗지 못하고 있는 한편으로 우리는 그 짙푸른 녹음을 보며 눈도 마음도 조금은 쉴 수 있었다. 집안에 갇혀 지내면서도 창밖으로 보이는 먼 산의 검푸른 산빛은 차분한 마음으로 돌아가 실상을 살피게 했고, 녹색 바다가 펼쳐진 논두렁을 거닐며 '마스쿠스'의 답답한 시절을 달랬다.

　올여름은 물 폭탄 난리통에 '비 오는 날 다른 화초들은 입을 다문 듯 우울할 때 파초만은 은은히 빗방울을 퉁긴'(이태준 수필 「파초」)다는 파초잎의 풍류를 엿볼 기회도 없었다. 풍류적 호사는 고사하고 한 달 넘는 긴 장마로 빗줄기가 원망스러울 지경이었다. 코로나가 물러가지도 않았는데 세계 곳곳에서 물난리로 강둑이 무너지고 마을이 잠기는 참사가 일어나 그야말로 엎친 데 덮친 격이다. 불과 몇 년 전에는 이제 곧 우리나라도 사막이 되려나 싶을 정도로 가뭄이 이어지더니, 알프스 몽블랑의 만년설이 녹아내리고 북극 빙하가 녹아 한국, 중국, 일본에 쏟아지는 물 폭탄이 온난화 나비효과라 하니 기후변화의 궤도가 실제로 움직이기 시작했구나 싶다.

햇빛 쨍쨍한 무더위를 식히며 후드득 축복처럼 쏟아지던 소나기. 비를 피하려고 나무 아래 들어서면 나뭇잎마다 다르게 내던 빗소리, 비 그치자마자 곧바로 뒤따르며 쟁쟁 우는 매미 소리. 비에 젖어 무르춤 서서 듣던 여름 소나기의 시원함을 이제 영영 다시 갖지 못하는 걸까.

> 바람 한 점 없는 뜨락에
> 키 큰 파초 그늘이 싱그럽다.
> 누가 파초를 심었을까?
> 뜨락에 그늘 가득하다.
> 파초 시를 갖고 싶다고?
> 호랑나비를 잡아 오렴.
> 아이는 호랑나비를 잡으러 뛰고
> 홀로 남은 집에는 옛 시인이 그려 놓은
> 파초 부채가 바람을 들인다.

옛 선비들은 시서화로 파초 사랑을 많이 남겼다. 넓은

파초 잎에 시를 적으면 친구에게 보내는 엽서가 되기도 한다. 이재관은 〈파초 잎에 시를 쓰는 선비〉를 그리고, 이덕무는 『선귤당농소』에 싱그러운 파초 풍경을 적어놓았다. 송나라 이청조는 〈채상자〉에 파초 시를 적어 이별의 아픔을 들려준다.

『양화소록』의 파초를 엿본다. '운치와 절조가 없는 것은 굳이 집 안에 들여 완상할 필요조차 없다'고 여겼기에 선비들에게 꽃을 키우는 일은 마음을 닦고 덕을 기르는 한 방편이었다. 정원에서 파초의 자리에 대해서는 '물가의 정자나 시원한 누대 곁에 연꽃과 짝하여 심는 것이 좋다. 연꽃만 그루를 심고 파초를 반무 그늘지게 해놓으면 사람의 영혼이 향긋해지고 살갗이 파랗게 된다.'라고 적고 있다. 또한, 파초는 소양의 기운을 지녀 우렛소리를 들으면 잘 자란다고 한다.

파초는 절과의 인연도 깊다. 오래된 절에서는 법당 앞에 나무처럼 웅장한 자태로 자리한 것을 볼 수 있다. 법당 앞의 파초는 참나를 찾기 위한 믿음과 구도의 상징으로 여긴다. 파초는 껍질이 겹겹으로 되어 있어 껍질을 하나씩 벗겨나가면 양파처럼 속이 아무것도 없는데, 이런 이유로 불교에서는 무아(無我)에 비교하기도 한다.

파초에 대한 개인적인 관심은 오래전 남해에 있는 절 수련회에 참석했을 때 들은 법문에서 시작되었다. 혜가선사의 구도심을 드러내는 일화에 파초가 나온다. 혜가선사는 참마음을 구하겠다는 굳은 믿음으로 자신의 왼팔을 거침없이 자르는데, 그 순간 파초 잎이 활짝 피어 잘린 팔을 받았다는 설화가 선가에서 전해온다. 그냥 설화이겠지 싶었는데, 해인사 법당 벽화에 상세하게 묘사된 걸 보면 필시 깊은 뜻이 있겠지 싶어서 눈 속의 파초잎을 믿기도 그렇고, 안 믿기도 그렇고 해서 의심 아닌 의심이 마음 한자리에 남게 되었다. 혜가선사처럼 구도의 열정을 닮아 열심히 공부하라는 뜻이라고 전하는 스님 말씀은 뒷전이고 나는 '눈 속에 어떻게 파초가 살아있지?'라거나, '왜 폭설의 파초 잎으로 잘린 팔을 받았을까?' 같은 엉뚱한 궁금증이 가득했다. 궁금증은 아직도 진행형이라 파초를 대하면 그 궁금증이 되살아나곤 한다. 원예가에게 물어볼 문제도 아니어서 시절 인연을 만나 마음꽃이 피어나길 바랄 뿐이다.

 봄바람이 지는 꽃을 불어서 봄을 보낸다면 가을바람은 떨어지는 나뭇잎을 띄워서 가을을 보낸다. 봄빛이 사방에 꽃바람을 퍼트리고 다녔다면 가을빛은 텅 빈 나뭇잎을 꽃단풍으로 물들인다. 가을빛을 껴안은 나뭇잎은 소멸을 위해 스스로 타오른다.
 봄의 다리를 건너 여름에 들게 하고, 가을이 다리를 놓아 겨울의 혹독함을 준비하는 절기의 순환이 무너지고 새로운 기후 시스템으로 한 번도 경험해 보지 못한 기후변화와 맞닥뜨릴지도 모른다고 생각하니 순간, 불안이 훅 엄습한다.

내가 메시지 주지도 않고
내가 원하지도 않았는데도
두려움, 불안한 기운이 솟는다.
이것에 관심을 가져야 한다.

위기가 닥쳤을 때 우리는 얼마나 편안한 걸 갈구 하는

지 알 수 있다고 스님은 말씀하신다. '불안하더라도 있을 수밖에 없는 자기 본체를 만나라. 지금 불안을 그대로 봐줄 수 있는 참나가 있다.' 지난 초파일 법문해주신 '천상천하 유아독존' 부처님 탄생게를 다시 새겨본다.

> 하늘 세계 천신을 비롯한,
> 인간 세상 통틀어서
> 우리 중생 본래 마음이 가장 소중하다.

아름다운 인연, 원추리꽃

> 원추리 꽃무리는
> 막 새로 핀 꽃도 시든 꽃도
> 모두 붉은 꽃등처럼 빛나고

입추가 지나고 백중 무렵이면 철 이른 코스모스도 하늘거리고, 보랏빛 개미취도 또렷또렷한 눈망울로 야물어가고 있지만, 내 눈길은 절 마당 한쪽에 시원하게 꽃대를 세우고 있는 원추리 꽃무리에 머물게 된다.

원추리는 봄이면 새순을 나물로 무쳐 먹고 꽃은 꽃대로 밥에도 넣고 술도 담고 졸여서 잼도 만들 수 있는, 산등성이 어디에서도 자라는 풀꽃이다. 연꽃도 아니고 매화도 아닌 풀포기나 다름없는 원추리꽃을 가슴 갈피에 담게 된 것은 그해 여름 백중에 만난 인연 때문이다.

선방 하안거가 끝나는 백중은 내게 각별한 날이다. '각별하다'라는 의미는 내가 다시 태어난 날이라고 말할 정도의 무게를 지닌다. 사람살이가 만남으로 이뤄지고, 만남은 무수한 변화를 가져오고, 변화는 삶의 방향을 흔들어놓기도 하고, 그 흔들림 속에서 삶의 중심을 세우는 기회가 되기도 한다.

그해 여름도 큰비가 내려 몸도 마음도 온통 물에 잠긴 것처럼 축축한 나날이었다. 곽곽한 살림도 살림이지만, 한 가지 해결했다 싶으면 또 다른 괴로운 일이 반복적으로 이어지고, 급기야 척추까지 다쳐 등뼈를 잡아주는 보조기구를 차고 지내야 하는, 막막한 심정으로 하늘을 올려다보며 지냈던 시절이었다.

'해는 항상 떠 있다, 구름에 가렸을 뿐이다. 희망을 가져라.'라거나, '하루하루가 좋은 날'이라거나, '삶은 기쁨과 슬픔으로 짜는 아름다운 옷감'이라는 좋은 말씀도 내가 처한 고통을 차고 나갈 돌파구가 되어주지 못했다. 차츰 말수가 적어지고 이런저런 핑계로 몸을 움직이는 것조차 게으르게 되자, 간간이 숨이 막혀 하얗게 질린 얼굴로 간신히 깨어나 가쁜 숨을 몰아쉬곤 했다. 죽음이 바로 옆에서 언제든지 팔짱을 끼며 인제 그만 가자고 할 것 같았다.

지상의 모든 것을 휩쓸고 가겠다는 듯이 빗줄기가 장대처럼 내리꽂히며 쏟아지던 날이었다. 캄캄한 한밤중에 바라볼 곳이라고는 폭우가 내리는 하늘뿐이었다. 구차한 내 삶도 저 빗줄기 속에 던져버리고 싶다는 충동이 가득 차올랐다. 그야말로 무슨 업보로 이 고통 속에 있는 것인가. 가슴에서 두려움인지 슬픔인지 모를 뭉클함에 목이 메왔다. 하지만 마음 저 깊은 곳에서 어떻게 하든지 이 터널을 통과해야 한다고 바들바들 떨며 간절하게 외치는 소리가 들렸다.

'어떻게 해야 끝도 없이 이어지는 이 고통에서 벗어날 수 있을까.'

다음날, 나는 절을 찾아갔다. 간밤에 내리던 폭우는 그쳤지만, 하늘은 비구름으로 잔뜩 흐리고 절 마당은 축축하게 젖어 있었다. 때마침 백중날이라 절은 많은 사람으로 북적거리고 법당에서는 천도재에 올릴 공양물을 고임새 하느라 분주했다. 나는 법당 추녀 밑에 앉아 다른 세상을 보는 것처럼 절 풍경을 바라보았다. 신기한 것은 습관적으로 하늘을 올려다보던 내 눈길이 나도 모르게 절 마당 닿아 있었다. 불사하느라 가지런히 쌓아놓은 기왓장이며, 마당 한쪽에 자리 잡은 꽃밭이며, 고목 위로 뻗어 올라가는 능소화며, 회색 법복을 입고 오가는 사람들이, 마치 꿈속의 일처럼 흘러가고 있었다. 얼마 만에 가져보는 평온한 마음인지 절에 오길 참 잘했다는 생각이 들었다.

그런데도 '어떻게 해야 고통에서 벗어날 수 있을까.' 해답을 찾을 수 없는 간절함이 가슴을 누르고 있었다. 천수경을 읽고, 예불을 올리는 동안에도 마음은 비를 머금은 구름처럼 무겁게 가라앉아 답답하기 그지없었다.

법회가 끝나고 점심 공양을 마친 뒤에 사람들은 몇몇 그룹으로 모여 앉아 차담을 나누었다. 나는 어디로 가야 할까, 기웃거리다가 다른 그룹보다 사람들이 많이 모여 있는 곳으로 가 맨 끝에 자리하고 앉았다.

"업을 손대려는 게 무지입니다. 업은 인과로 온 결과물입니다. 밥 먹었으면 똥 나오지 밥이 나오나요? 인연 속에서 피어나는 업을 무슨 수로 막겠다는 것인가요?"

이게 무슨 말이지? 나는 어리둥절한 심정이 되어 둥그렇게 모여 앉은 사람들 사이로 목소리의 주인공을 찾았다.

얼핏 보기에는 평범해 보였지만 단정하게 빗은 단발머리에 유난히 검은 눈동자가 크게 느껴지고 눈빛이 형형하게 빛났다.

"고(苦)에서 도망치지 마세요. 부처와 중생이 하나라고 했는데, 모양도 없는 부처를 왜 연구하는가. 전공과목인 중생을 봐야 합니다. 중생을 버리고는 갈 수 없는 길이 부처 길입니다. 고(苦)는 중생에게 축복입니다. 기회입니다."

마치 나를 두고 하는 말처럼 들렸다. 저분이 무슨 신통력이 있어 내 맘을 꿰뚫고 있는 걸까? 어떻게 하면 고통에서 벗어날 수 있을까에만 전전긍긍하고 있는 내게 '고통이 축복이다.'라는 그 한마디는 가슴을 짓누르고 있던 돌덩이가 굴러떨어지는 듯한 충격을 주었다. 마지막까지 움켜쥐고 있던 모든 것을 빼앗긴 것 같은 허탈감마저 들었다.

법당 밖에선 언제부터였는지 굵은 빗줄기가 쏟아지고 있었다. 그 빗속에서 내 젖은 눈을 환하게 밝히는 꽃 빛깔이 눈에 들어왔다. 거센 빗줄기에도 아랑곳없이 원추리 꽃무리는 막 새로 핀 꽃도, 시든 꽃도 모두 붉은 꽃등처럼 빛나고 있었다. 나중에 알게 된 일이지만, 원추리는 망우초(忘憂草)

로 불리는데, '근심을 없애는 꽃'이라는 점에서 의미가 새롭게 다가왔다. 벌써 30년이 훌쩍 넘은 일이다. 그해 백중날 만난 스승님은 내 삶의 중심을 '마음 공부' 길로 이끌어주셨다. 그동안 선원의 수련시간에 말씀을 받아 적은 공책이 60여 권이나 되었고, 그 공책이 담긴 상자는 내 보물상자가 되었다.

'그대가 이 세상에 와서 가장 잘한 일이 무엇인가.'
'스승님을 만난 일입니다.'
'살아있는 일이다.'

나
가
며

비가 내리니 모든 풀과 나무와 숲과 약초들의 작은 뿌리, 작은 줄기, 작은 가지, 작은 잎새와 중간 뿌리, 중간 줄기, 중간 가지, 중간 잎새와 큰 뿌리, 큰 줄기, 큰 가지, 큰 잎새와 크고 작은 나무들이 상·중·하를 따라서 제각기 비를 받느니라. 한 구름에서 내리는 비를 맞으나 그 초목의 종류와 성질에 맞추어서 자라고 크며 꽃이 되고 열매를 맺게 되느니라.

-『법화경』, 약초유품

법화경을 독경할 때면 〈약초유품〉 대목에서 나도 모르게 눈은 반짝이고, 마음은 설레고, 목소리는 높아지는 걸 느끼곤 합니다.

나무와 풀꽃들은 눈길만 주었을 뿐인데 바람을 알게 해주고, 나뭇가지 흔들리는 소리를 듣게 해주고, 향기로운 꽃향기를 전해주고, 저마다 반짝이는 이파리들의 낯선 촉감으로, 오만 가지 맛으로 마음에 파문을 일으키지만 정작 그들은 고요와 침묵 속에서 초록빛으로 살아있습니다. 그들은 자신이 어디에 있는지, 어느 방향으로 자라는지, 어떻게 움직이는지 알기 위해 지적능력을 넘어서 끊임없이 관심을 기울인다고 합니다. 공부를 지어가는 일도 그와 같음을 배웁니다.

　이름 없는 떡잎 두 장이 애벌레를 키우고, 애벌레는 새를 키우듯 나무는 살아서도 죽어서도 수많은 생명을 살리는, 알고 있는 것보다 더 큰 존재임을 알게 해주었습니다.

"괜찮아, 무엇이든 품을 수 있는 마음이 너에게 있어."

선원 산길에서 마주치는 '명상 나무'가 고요히 눈을 맞추며 오늘도 법비를 내려줍니다.

추천의 글

묘법(妙法) 보살님의 참 좋은 글
-한명희_대한민국예술원 회원

   글이 참 깊다. 몇 길 심연(深淵) 속에서 길어 올린 글이다. 깊은 심저(心底)에서 발효시켜 조탁(彫琢)해 낸 글이고 보니 울림 또한 진폭이 크다. 붓 가는 대로 가볍게 쓰는 게 수필이라지만 결코 가벼운 글이 아니다. 읽는 이의 원초적인 사색을 자연스레 유발(誘發)해 낸다. 그래서 읽자마자 휘발(揮發)해 버리는 여느 글과 달리 여운이 길다. 모든 게 불심(佛心) 깊은 작가의 마음밭이 무구(無垢)하고 신실(信實)해서일 게다.

   글이 참 맑다. 심산유곡 바위못에 고인 석간수(石澗水)만큼이나 청정하고, 어머님이 떠 놓던 장독대 위의 정화수(井華水)만큼이나 정갈하고도 투명하다. 지자무언(知者無言)이라듯이 진짜배기는 수식(修飾)을 않는다. 기교나 요설(饒舌)을 피한다. 군자눌언(君子訥言)이라듯이 말을 아낀다. 잔가지는 쳐내고 알맹이만 싱겁게 툭툭 던져둘 뿐이다. 글을 따라가다 보면 어느덧 읽는 이의 마음도 동심처럼 순수하게 순화(醇化)되는 느낌이다. 묘법(妙法) 보살님의 맑은 심성에서 우러난 글이기에 그럴 게다.

글이 물처럼 흐른다. 인위적인 허식을 버리니 글이 제 물길대로 자연스레 흐른다. 물꼬를 막고 돌리는 억지(抑止)를 버리니 글이 '상선약수(上善若水)'처럼 천성대로 흐른다. 글이 호흡 따라 맥박 따라 제 갈 길로 흐르니 독자의 정서 또한 엇박자 없이 같은 리듬으로 공명해간다.

마지막 장을 읽고 나니 역시 글은 자기표현이라는 말에 재삼 공감하지 않을 수가 없다. 오랜 세월에 걸쳐서 내가 알고 있는 작가의 품성과 인생이 글 속에 그대로 농축돼 있기 때문이다. 수필이라는 이름으로 상재(上梓)되지만 문장 속에는 명실상부한 시인답게 시적 운치와 서정이 자작자작 배어나고 있다. 글 쓰는 이들이 읽으면 무언가 느낌이 올 것이다.

참고문헌

강판권, 『나무예찬』, 지식프레임, 2017
강판권, 『역사와 문화로 읽는 나무사전』, 글항아리, 2010
강희안, 이종묵 역해, 『양화소록』, 아카넷, 2012.
고경식, 『야생식물생태도감』, 우성문화사, 1993.
기태완, 『꽃, 마주치다』, 푸른지식, 2013
기태완, 『화정만필』, 도서출판 고요아침, 2007
김태정, 『우리꽃 나들이』, 문공사, 2004
김풍기, 『옛시에 매혹되다』, 푸르메, 2011
다이앤 애키먼, 백영미 옮김, 『감각의 박물관』, 2004
대니얼 샤모비츠, 권예리 옮김, 『식물의 감각법』, 2013
대니얼 샤모비츠, 이지윤 옮김, 『식물은 알고 있다』, 다른, 2013
데이비드 애튼보로, 과학세대 옮김, 『식물의 사생활』, 도서출판 까치, 1995
류시화, 『백만광년 고독속에서 한 줄의 시를 읽다』, 도서출판 연금술사, 2014
민태영 외, 『경전 속 불교식물_자비의 향기를 전하다』, 한국학술정보, 2011
민태영, 『마음을 밝히는 붓다의 식물 108가지』, 운주사, 2014
발레리 트루에, 조은영 옮김, 『나무는 거짓말을 하지 않는다』, 부키, 2021
스티븐 호킹, 배지은 옮김, 『호킹의 빅퀘스천에 대한 간결한 대답』, 까치글방, 2019
에마 미첼, 신소희 옮김, 『야생의 위로』, 심심, 2020

유기억, 『꼬리에 꼬리를 무는 나무 이야기』, 지성사, 2018
윤후명, 『꽃』, 문학동네, 2003
이유미, 『내 마음의 나무여행』, 진선출판사, 2012
이유미, 『한국의 야생화』, 도서출판 다른세상, 2003
일아 역편, 『한 권으로 읽는 빠알리 경전』, 도서출판 민족사, 2020
자크 브로스, 양영란 옮김, 『식물의 역사와 신화』, 갈라파고스, 2005
자크 브로스, 주향은 옮김 『나무의 신화』, 이학사 1998
자크 타상, 구영옥 옮김 『나무처럼 생각하기』, 더숲, 2019
정민, 『꽃들의 웃음판』, 사계절출판사, 2005
정민, 『한시 이야기』, 보림, 2003
조지프 코캐너, 구자옥 옮김, 『잡초의 재발견』, 우물이 있는 집, 2013
차윤정, 『숲의 생활사』, 웅진닷컴, 2004
차윤정, 전홍훈, 『숲 생태학 강의』, 지성사, 2009
카렌 암스트롱, 정영목 옮김, 『스스로 깨어난 자 붓다』, 푸른숲, 2003
프로렌스 헤드스톤 크레인, 최양식 옮김, 『한국의 들꽃과 전설』, 도서출판 선인 2008
헨리 데이빗 소로, 강승영 옮김, 『월든』, 은행나무, 2016
호프자런, 김희정 옮김, 『랩걸』, 알마출판사, 2017
황천춘, 정주은 옮김, 『한권으로 읽는 인도신화』, 불광출판사, 2020

식물의 사색과 명상으로 만난 마음 공부
마음 풍경

초판1쇄 인쇄 2021년 10월 8일
초판1쇄 발행 2021년 10월 13일

지은이	김정묘
펴낸이	유상원
펴낸곳	상상+모색
디자인	이정아
본문사진	유완
표지사진	Evgeni Tcherkasski

등록일	2010년 11월 5일
등록번호	상상+모색 제313-2010-322호
주 소	경기도 고양시 일산동구 탄중로344 태영 601동 401호
전 화	070-7519-2939
팩 스	02-6919-2939
이메일	hertz9books@gmail.com
ISBN	979-11-86963-48-7 03810

copyright ⓒ 2021, 김정묘
저자와의 협의 아래 인지를 생략합니다. 파본은 구입하신 서점이나 본사에서 교환해드립니다. 책값은 뒤표지에 있습니다. 본 책은 저작권법에 의해 보호를 받는 저작물이므로 무단 전재와 복제를 금합니다.

이 책은 충주시, (재)중원문화재단의 후원을 받아 발간되었습니다.